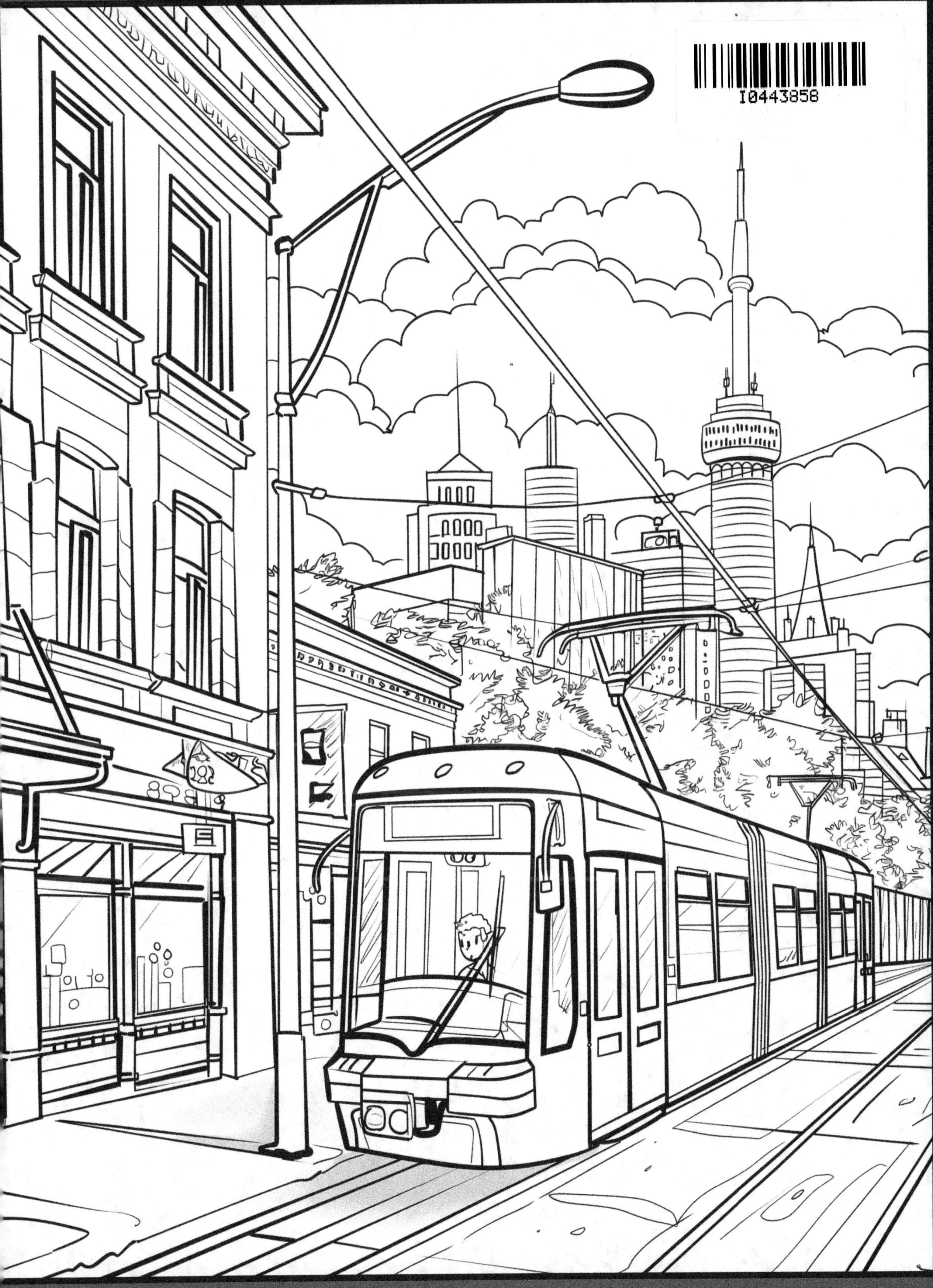

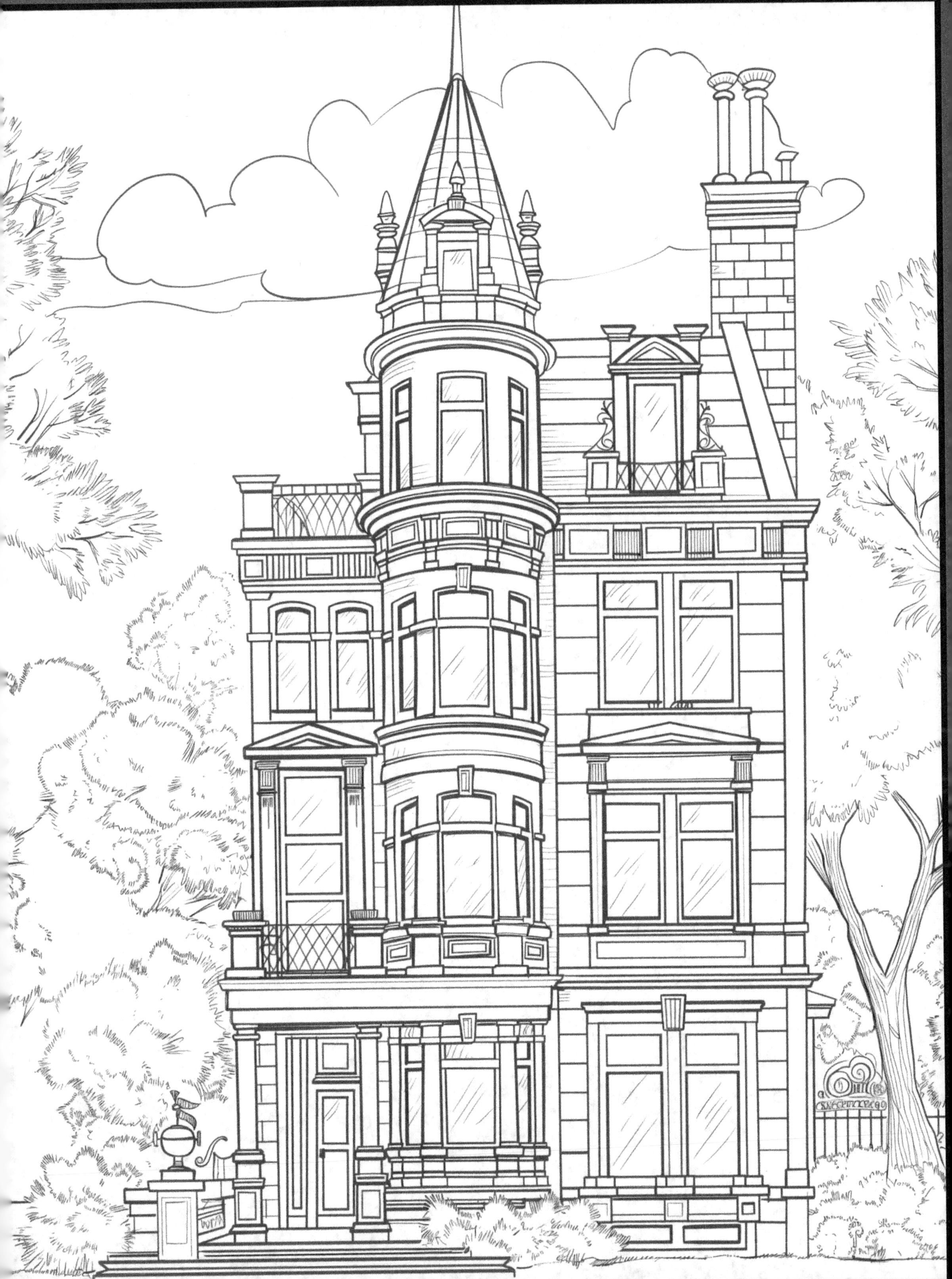

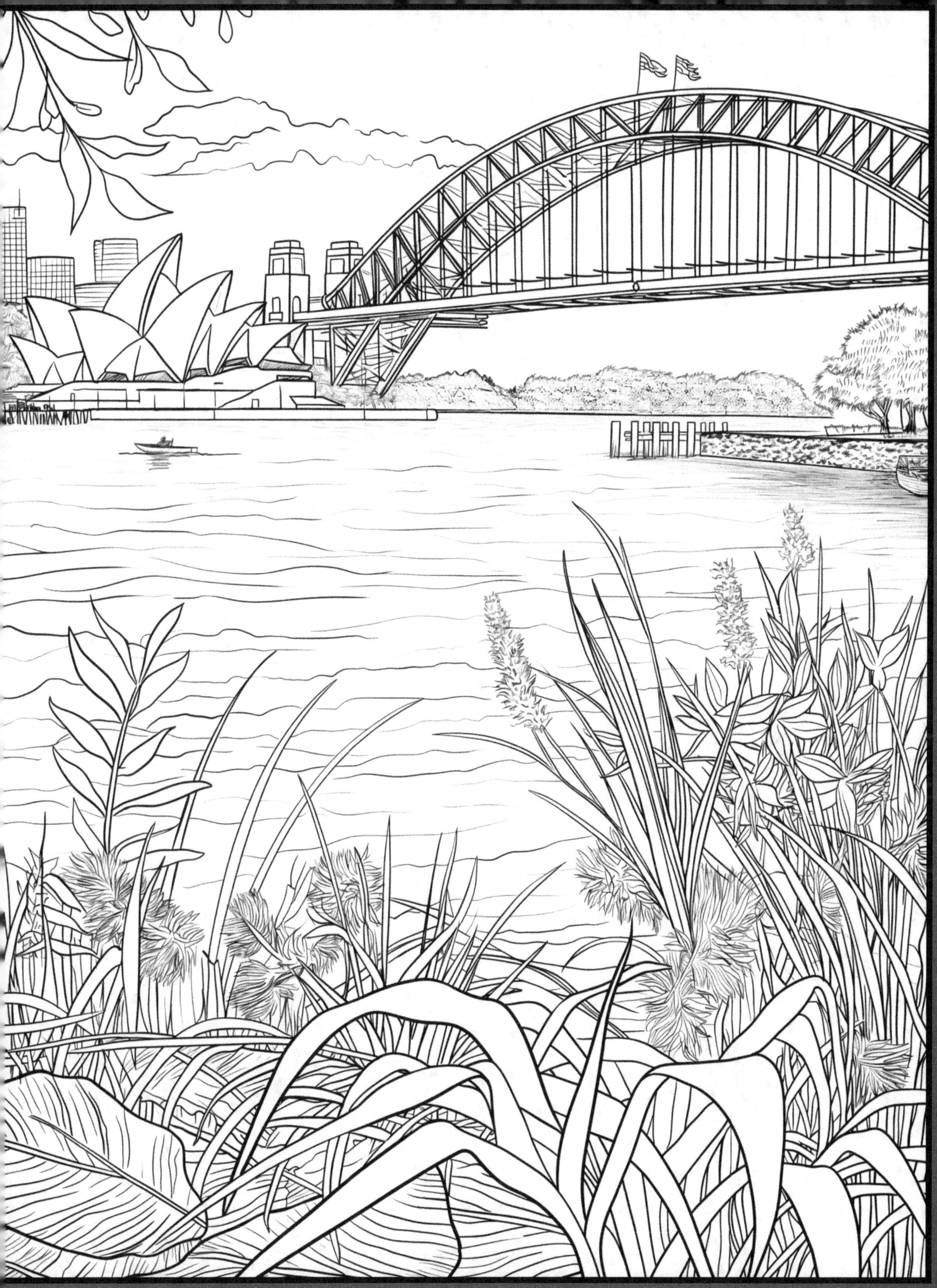

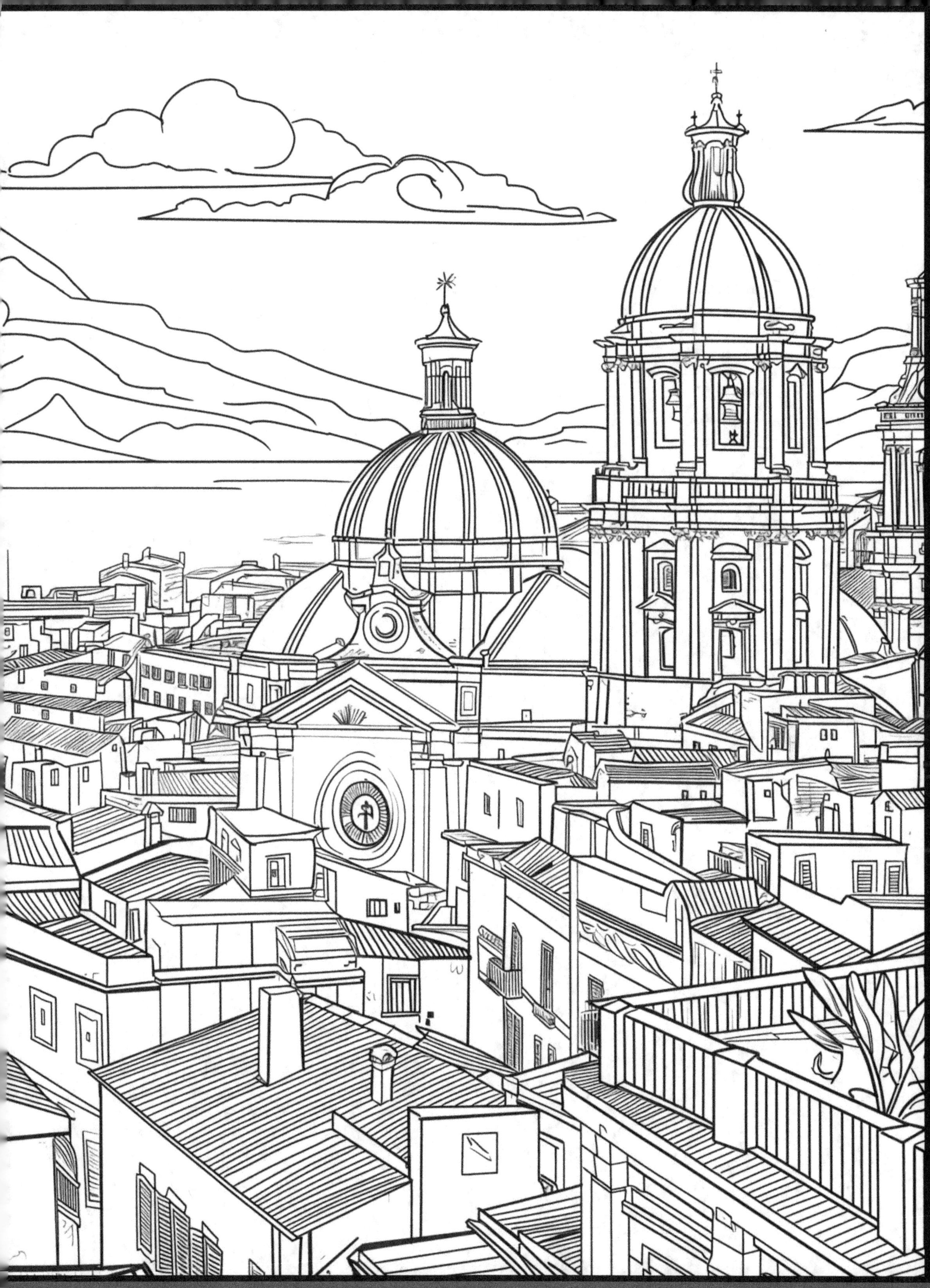

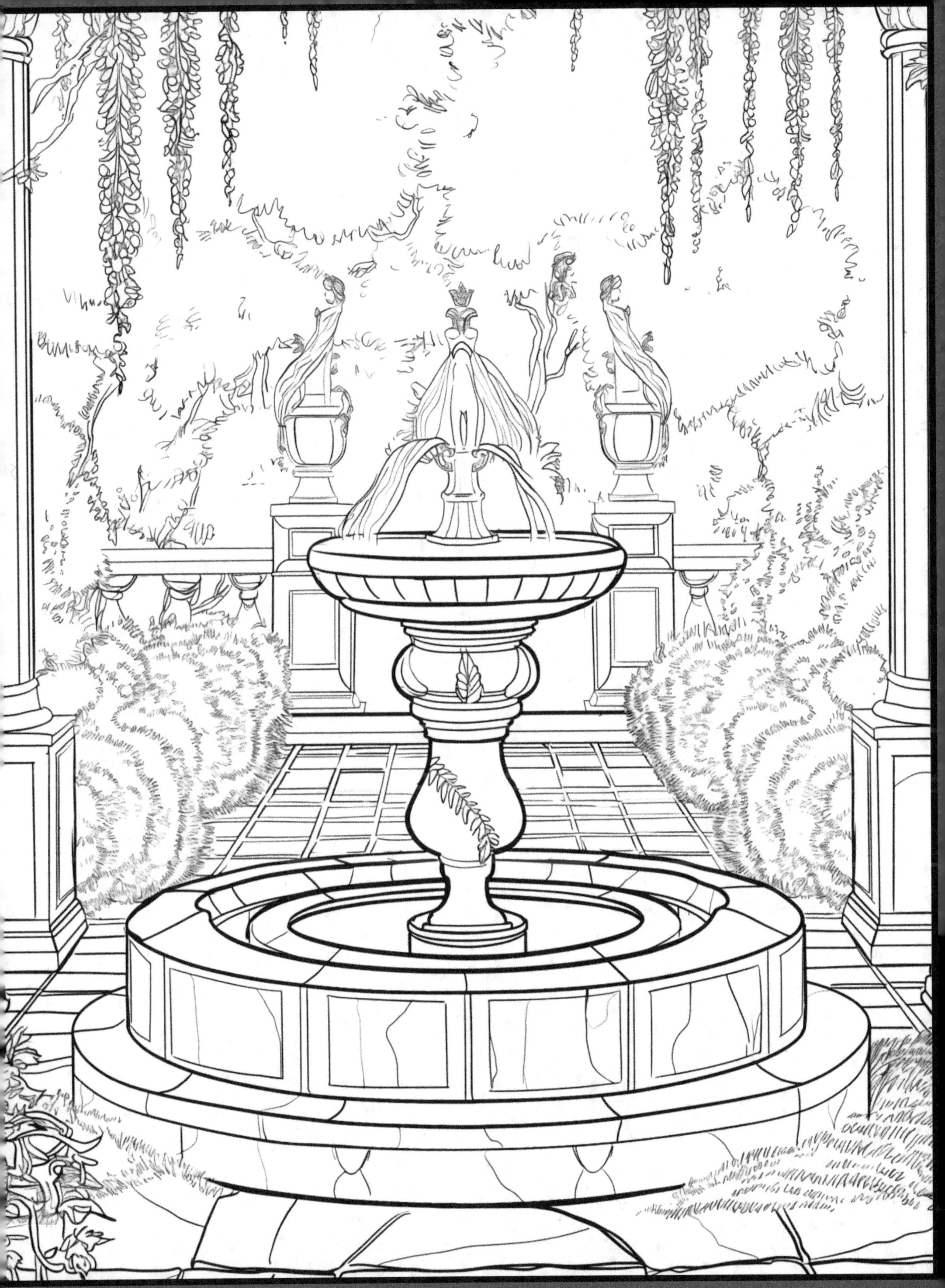

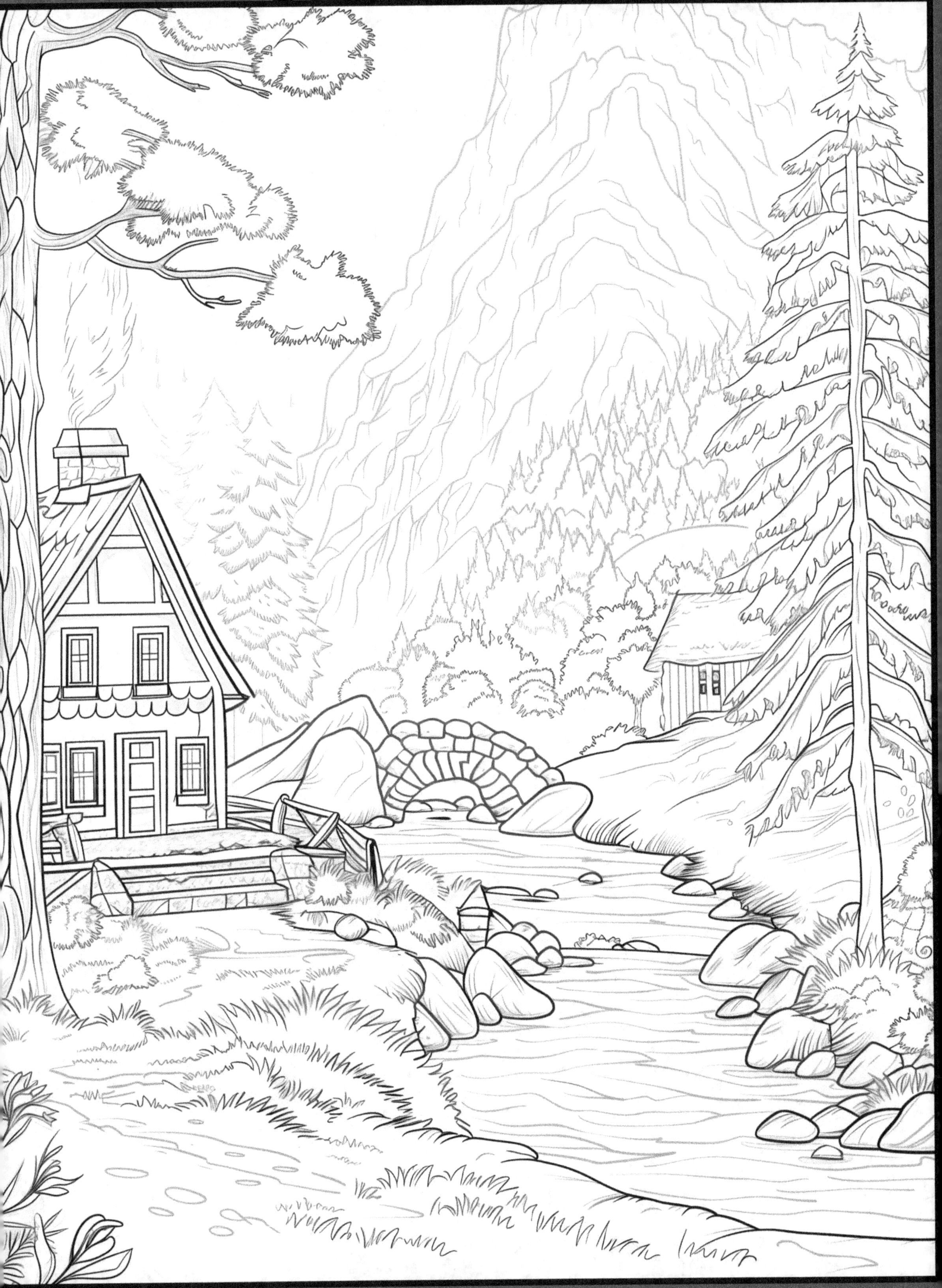

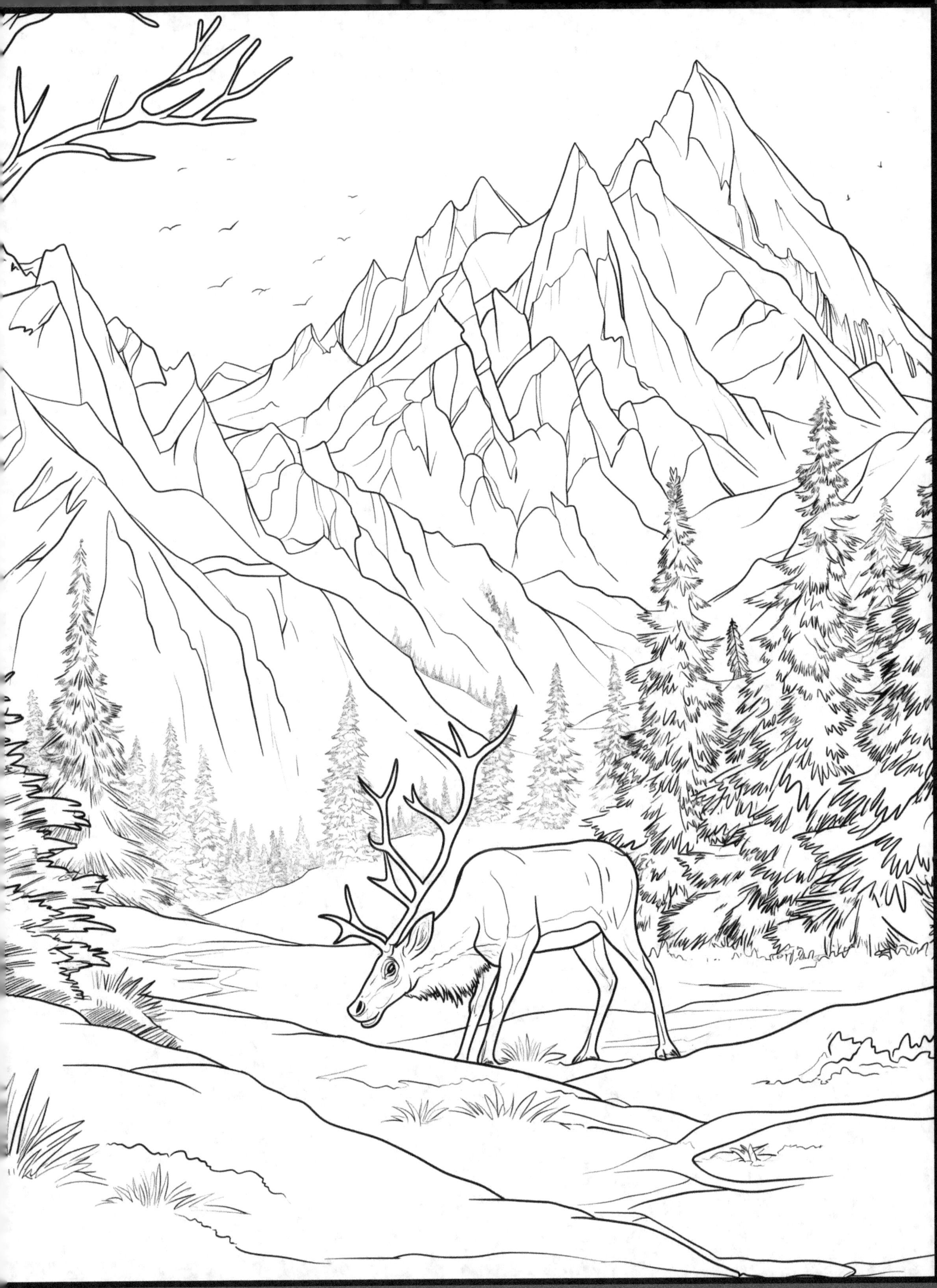

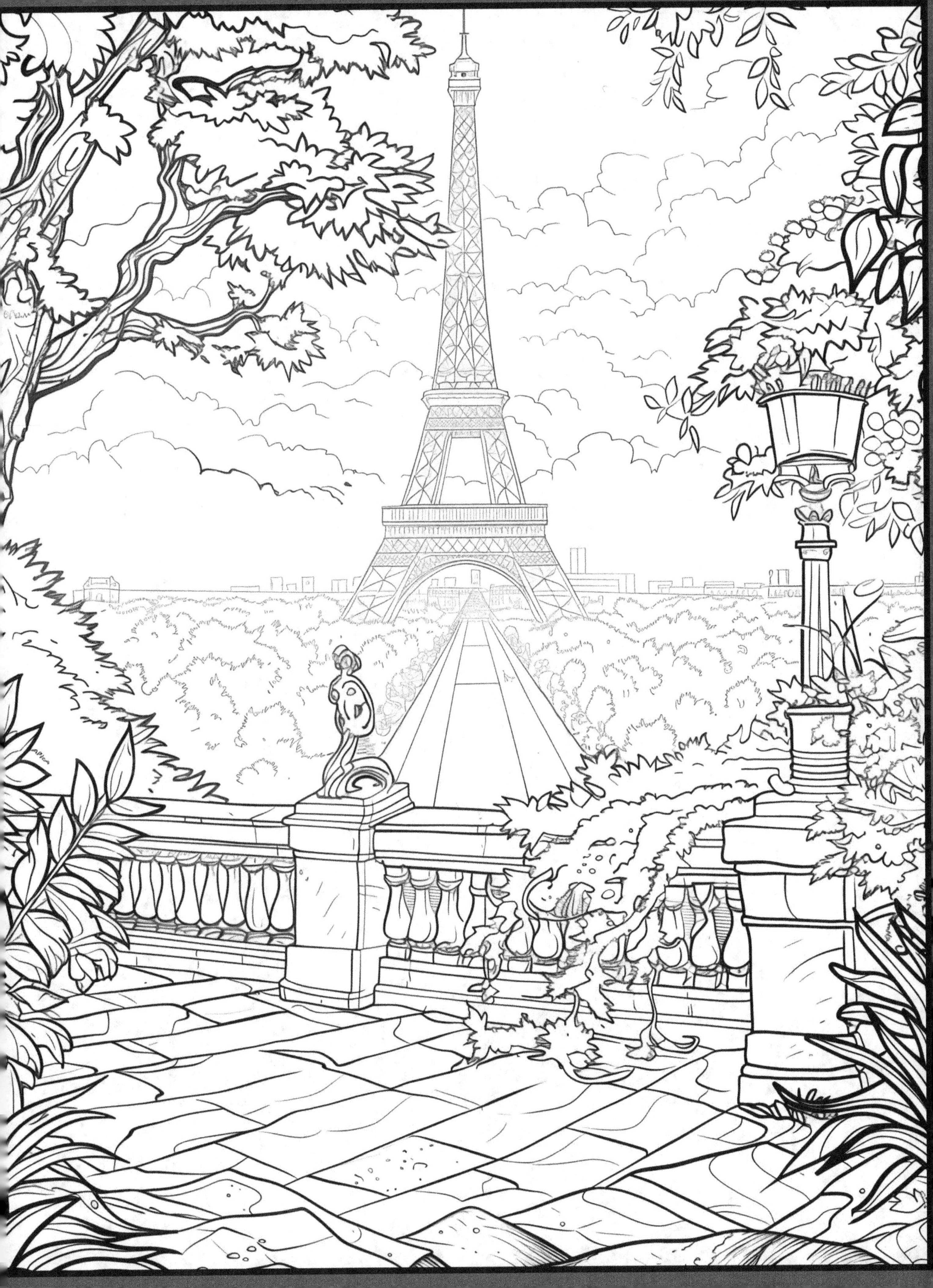

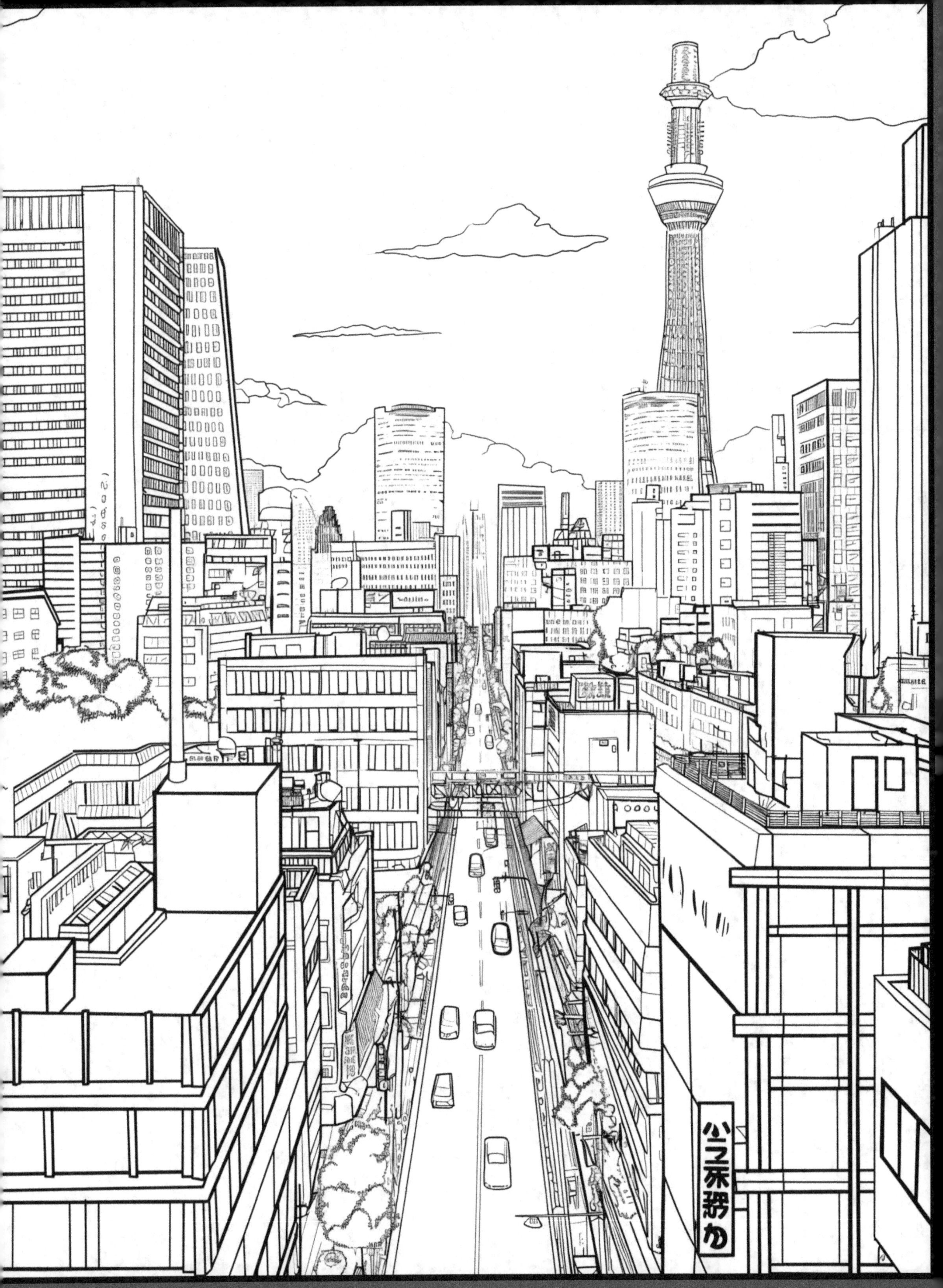

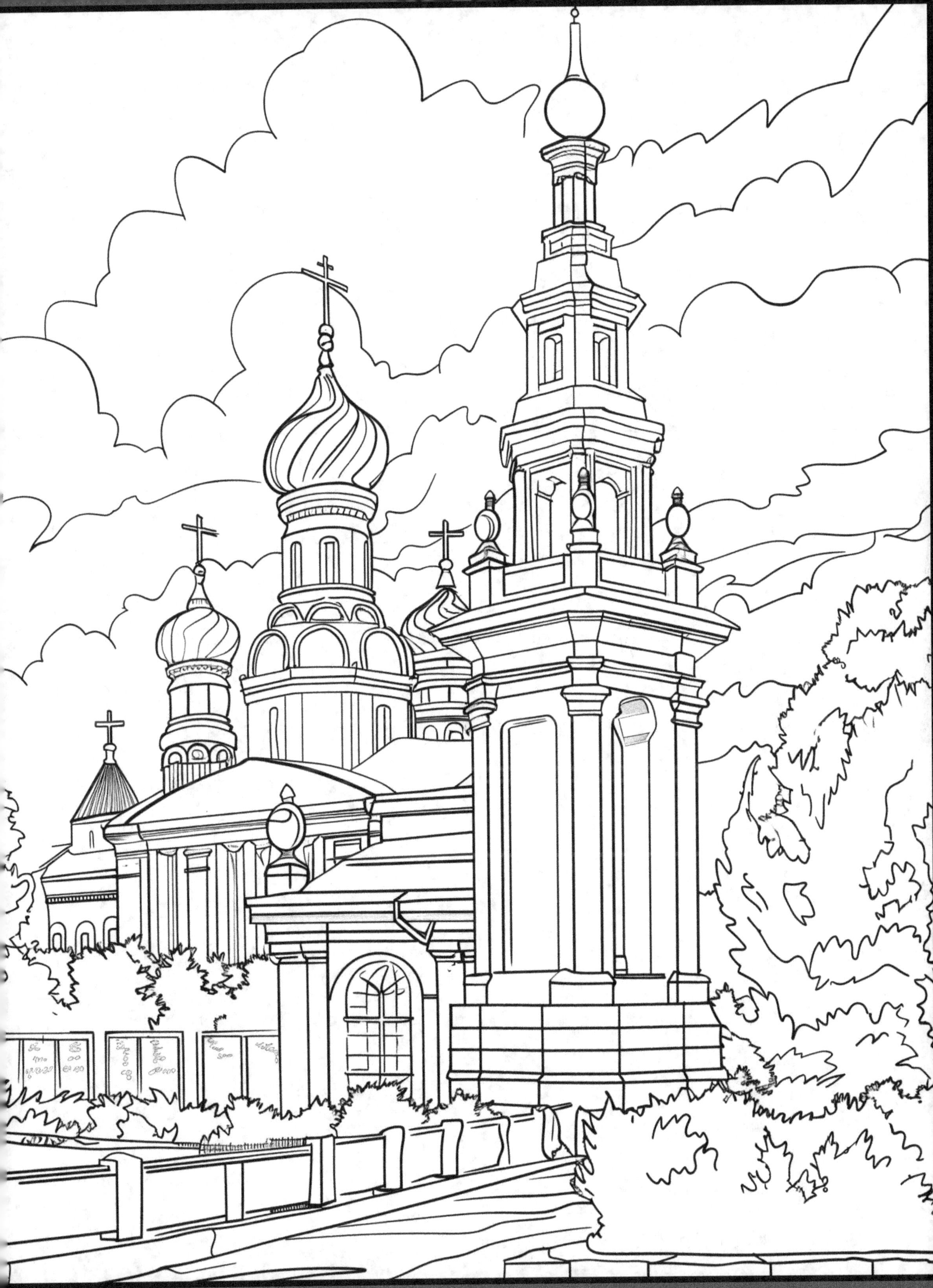

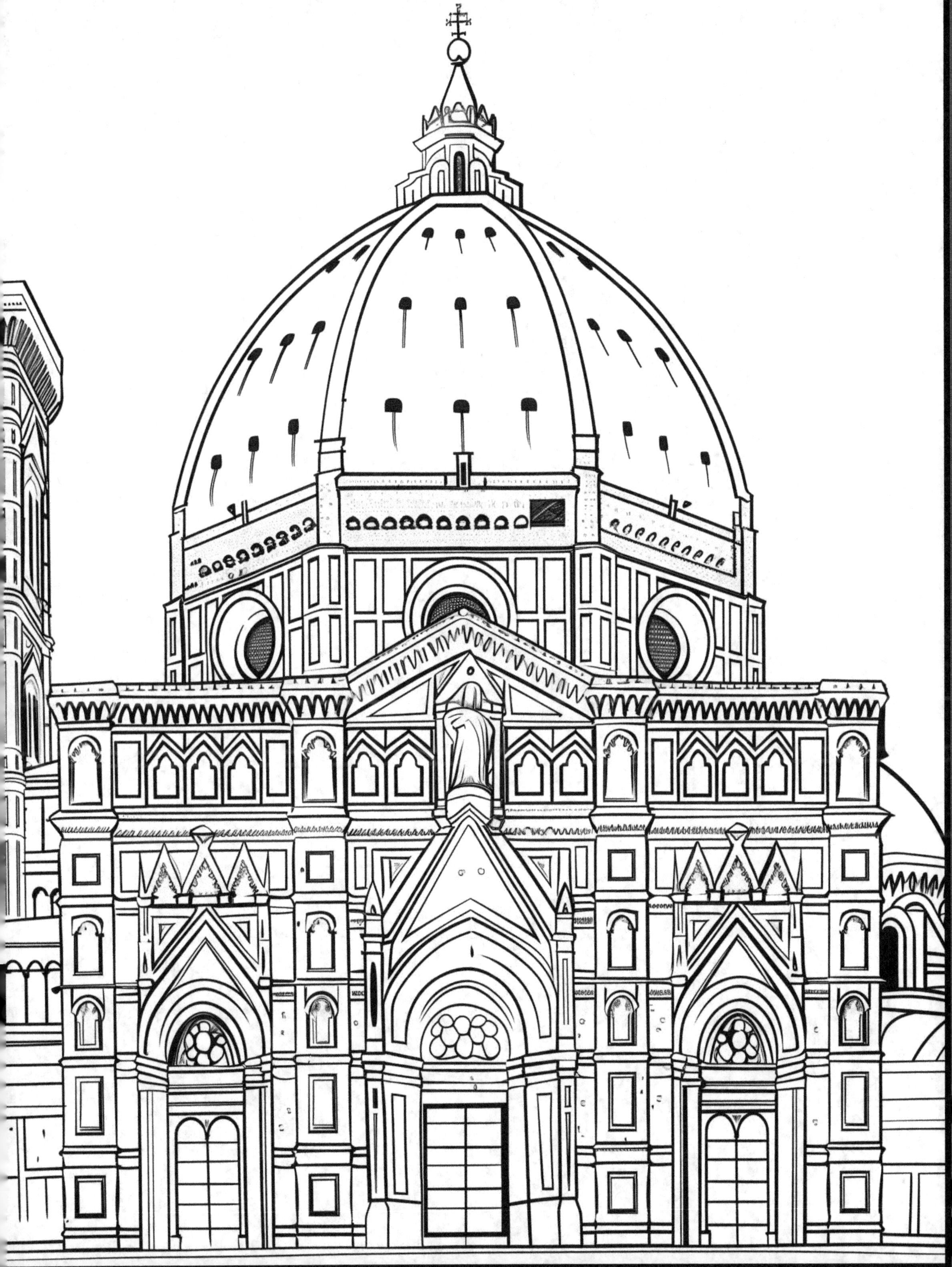

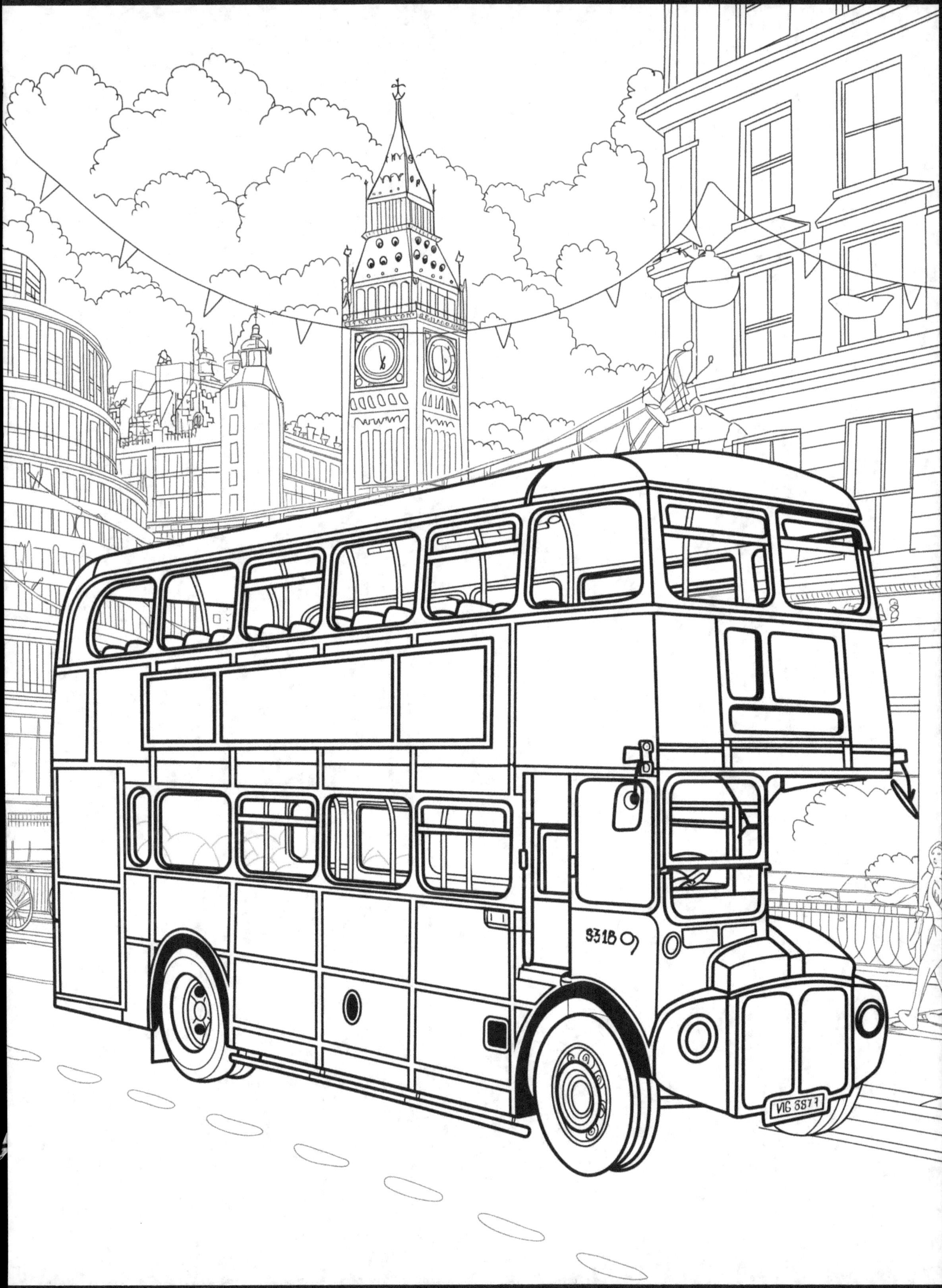

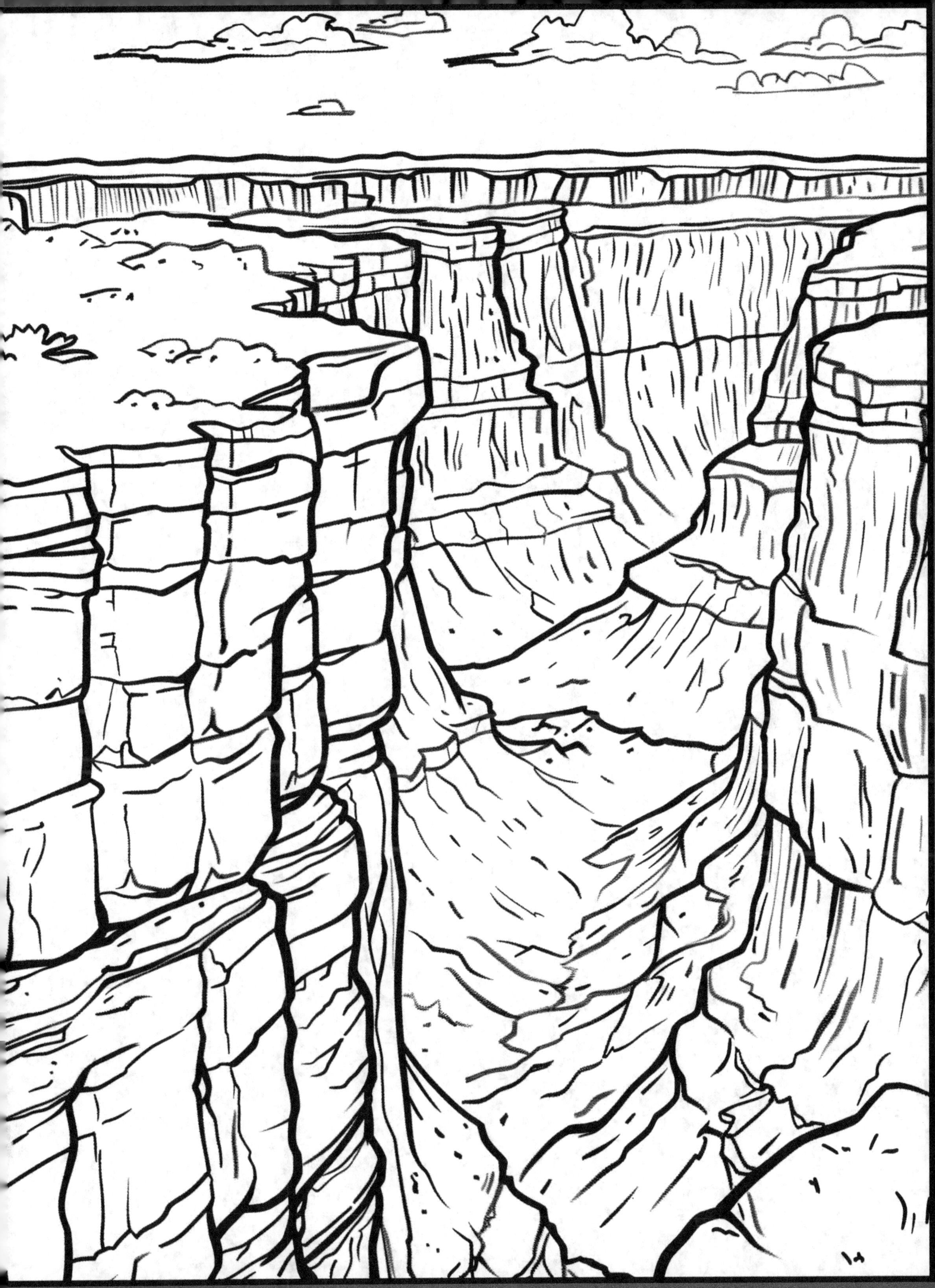

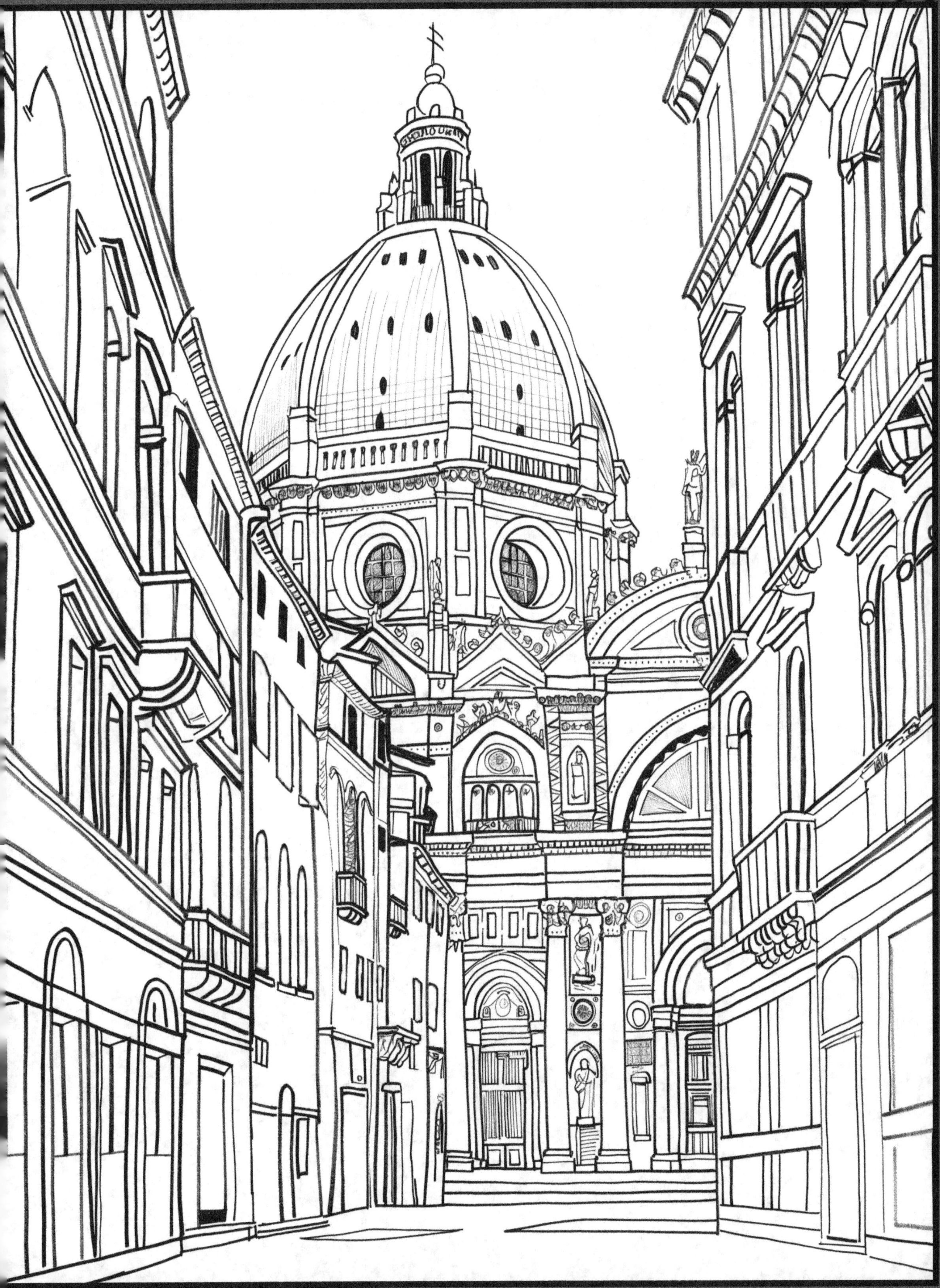

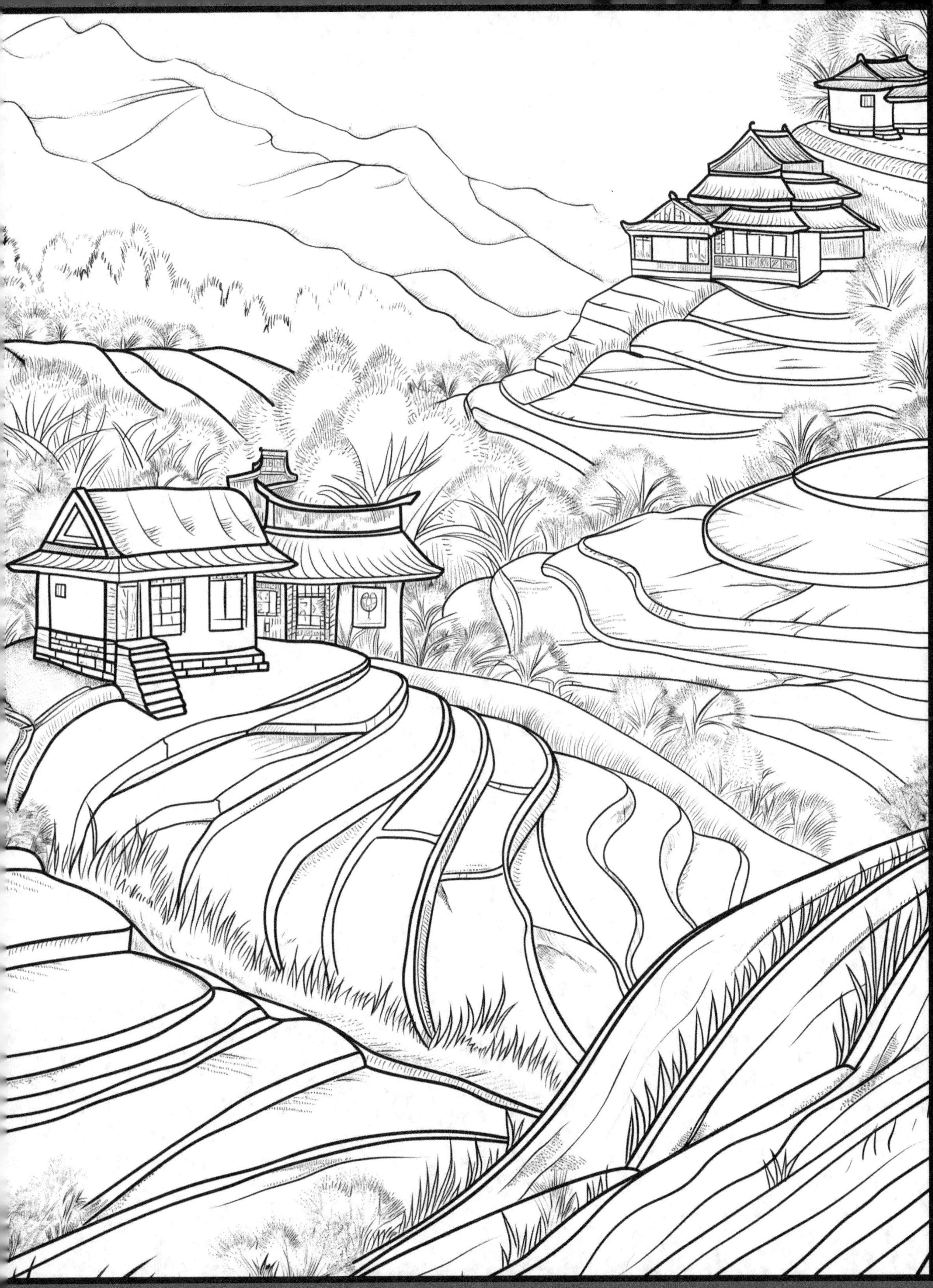

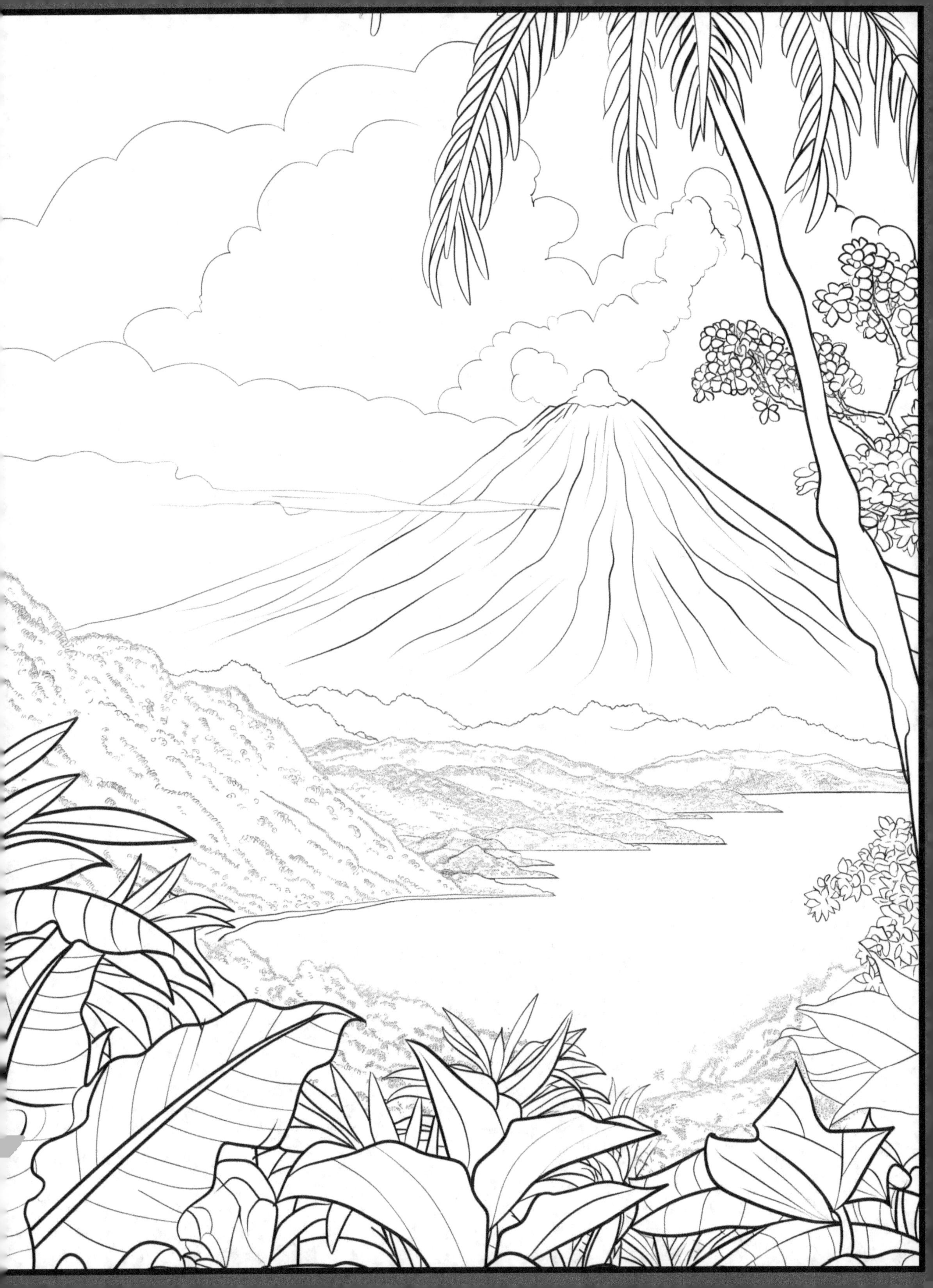

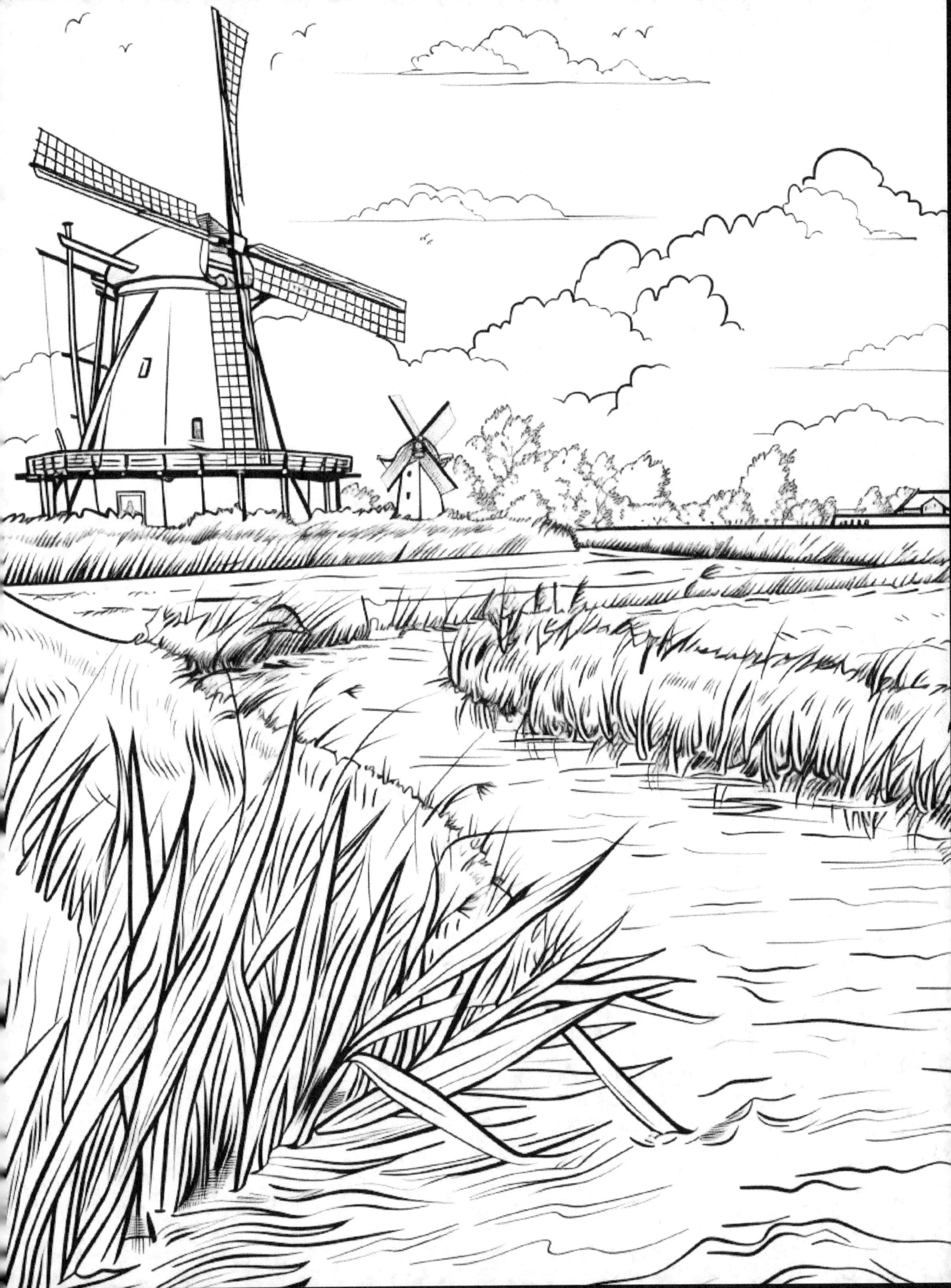

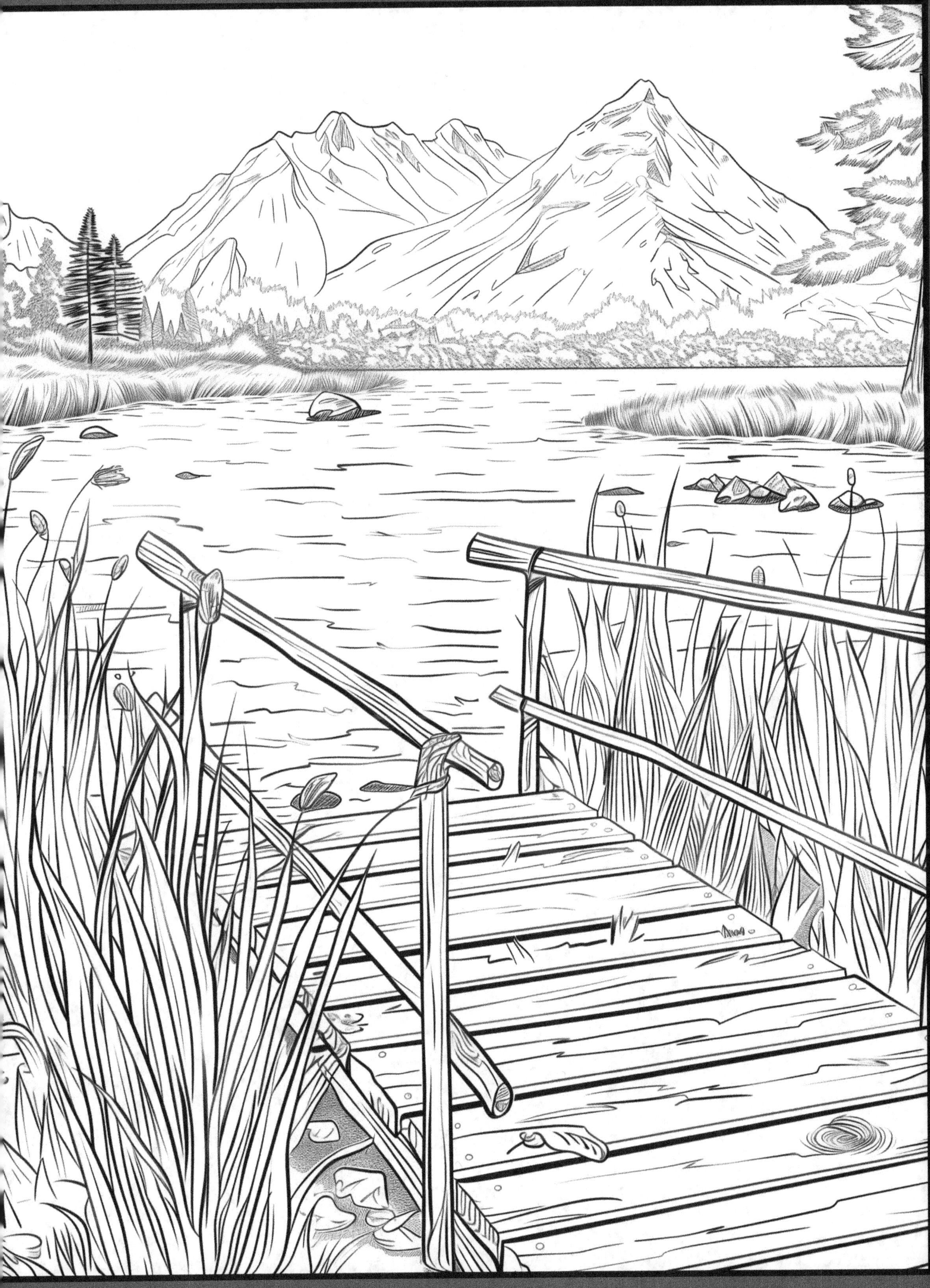

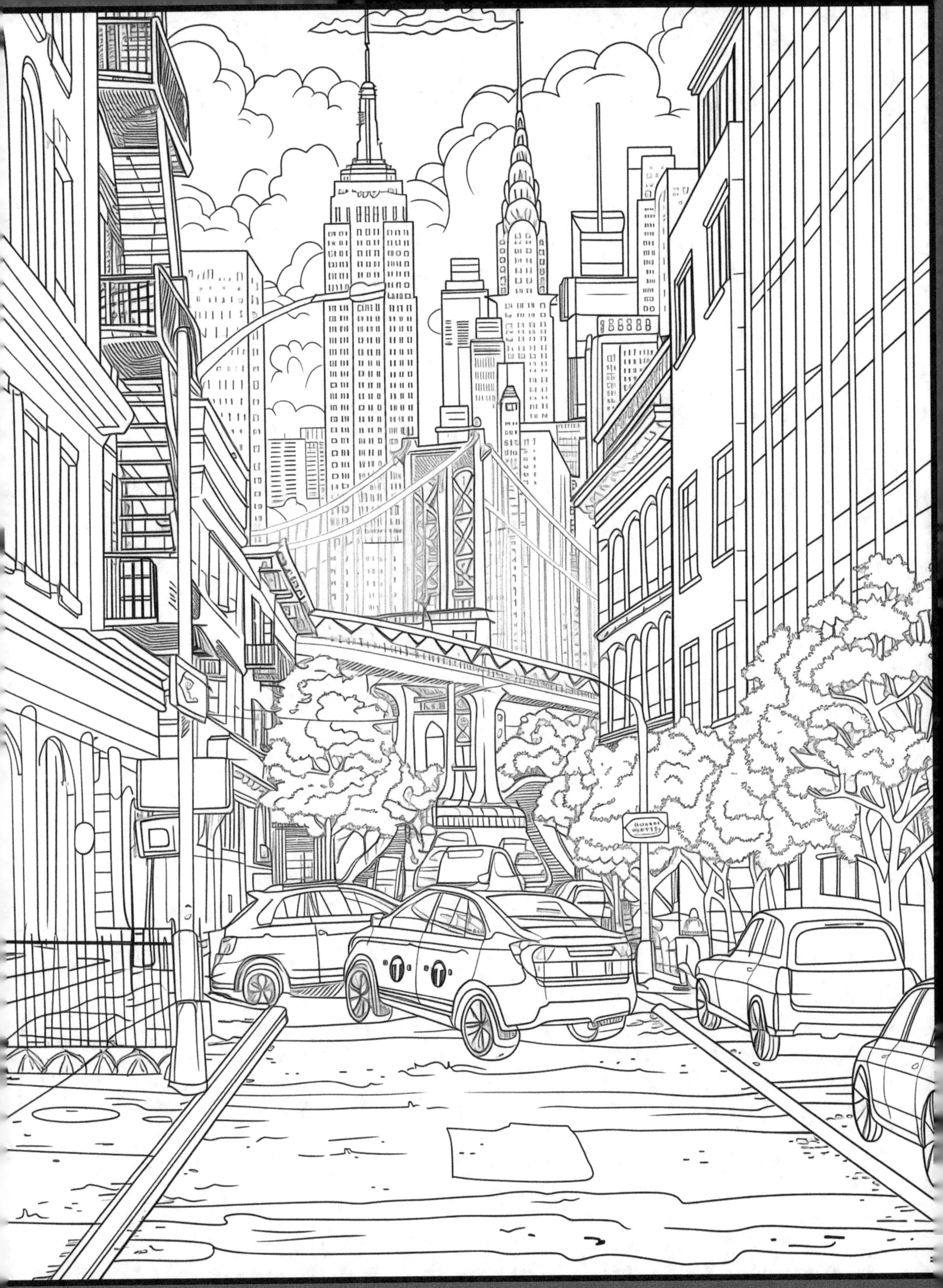

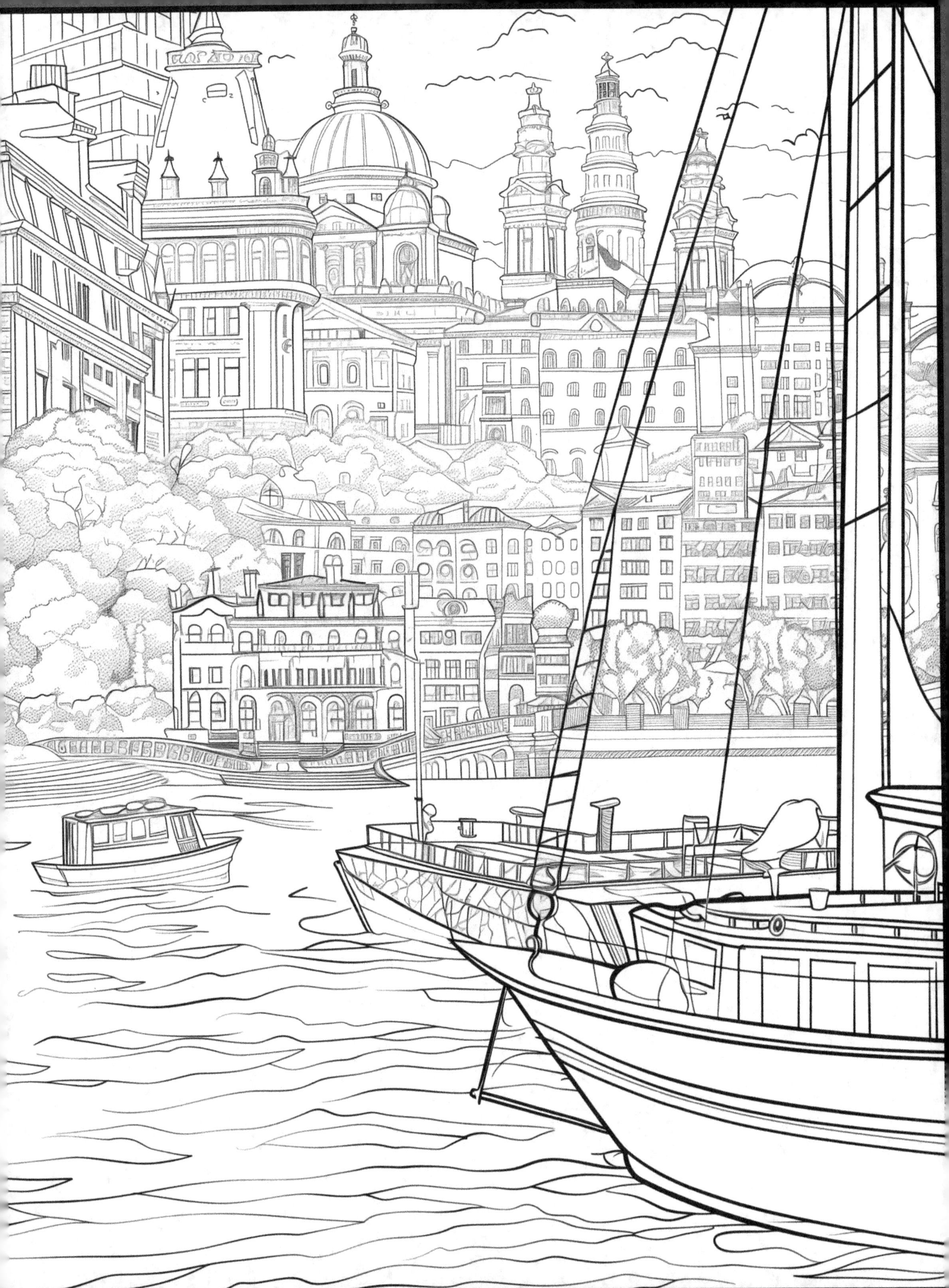

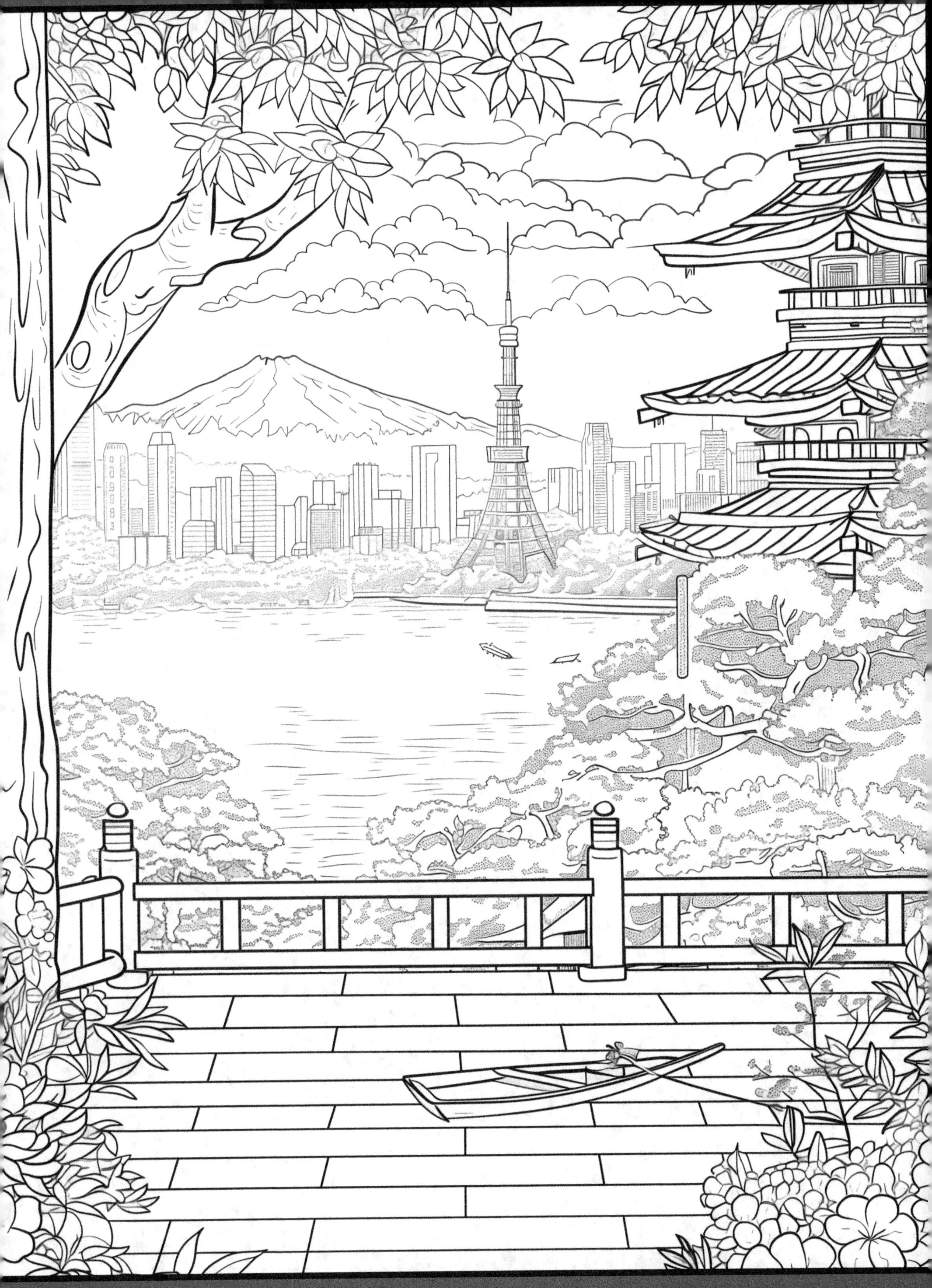

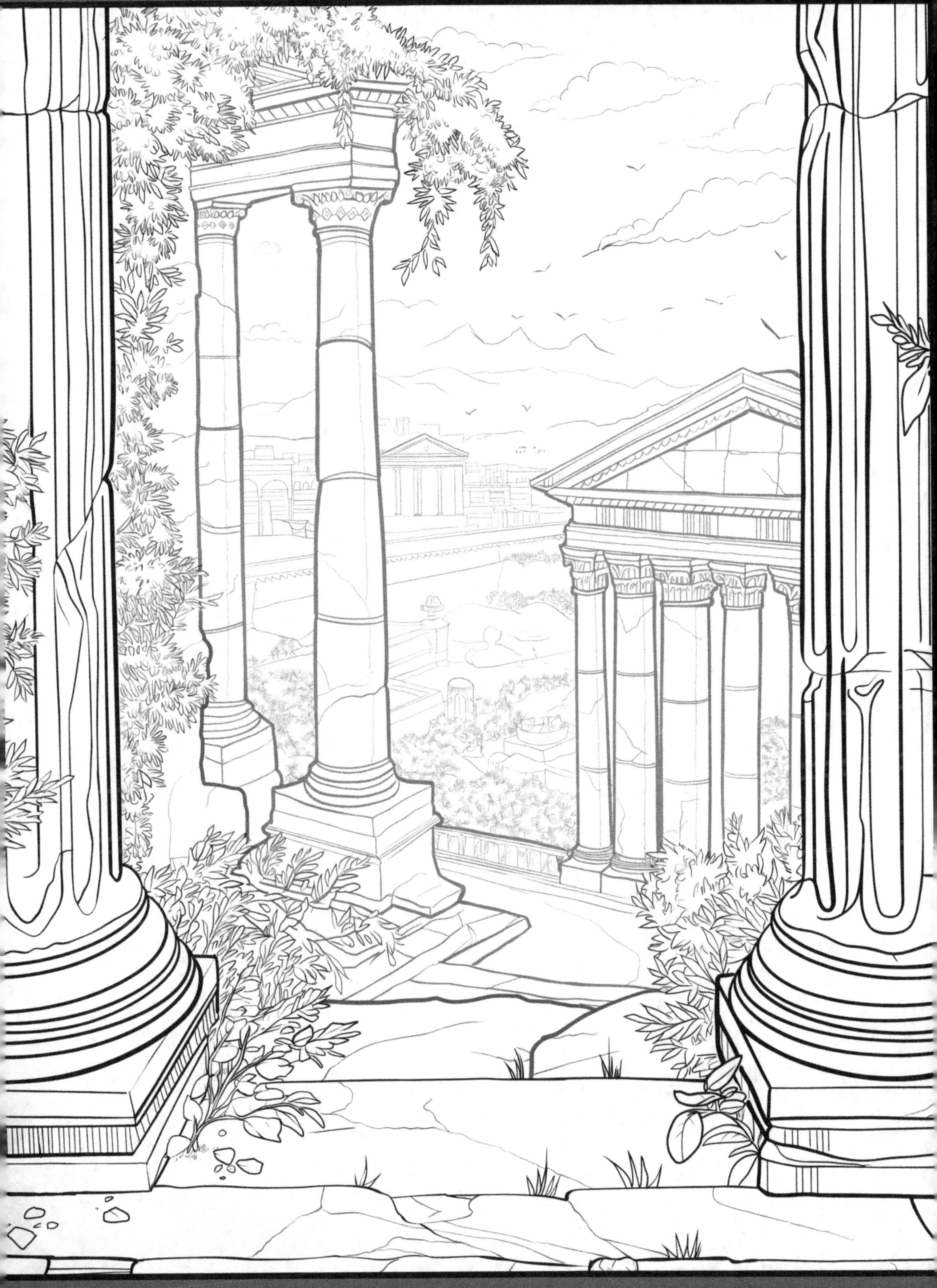

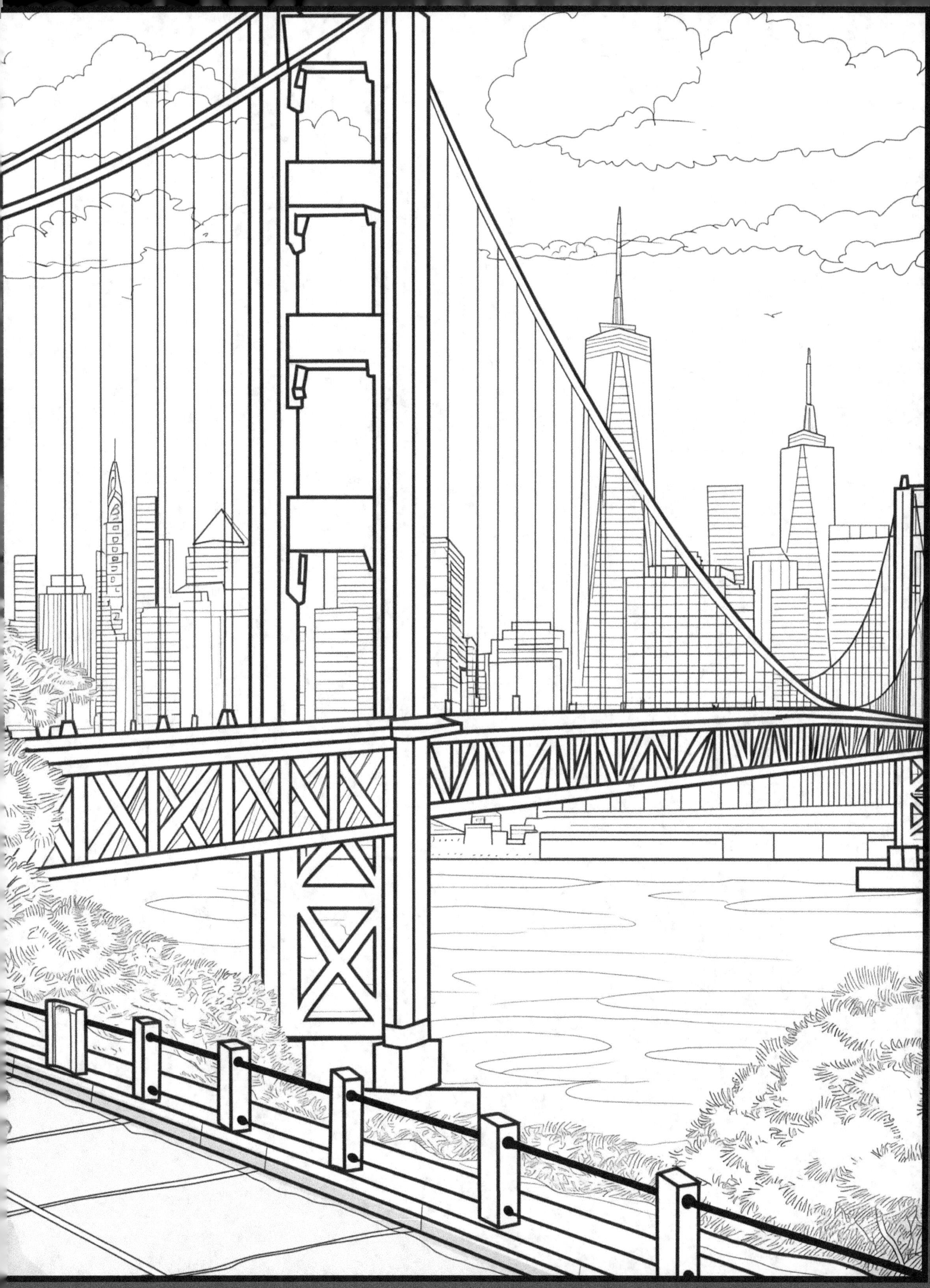

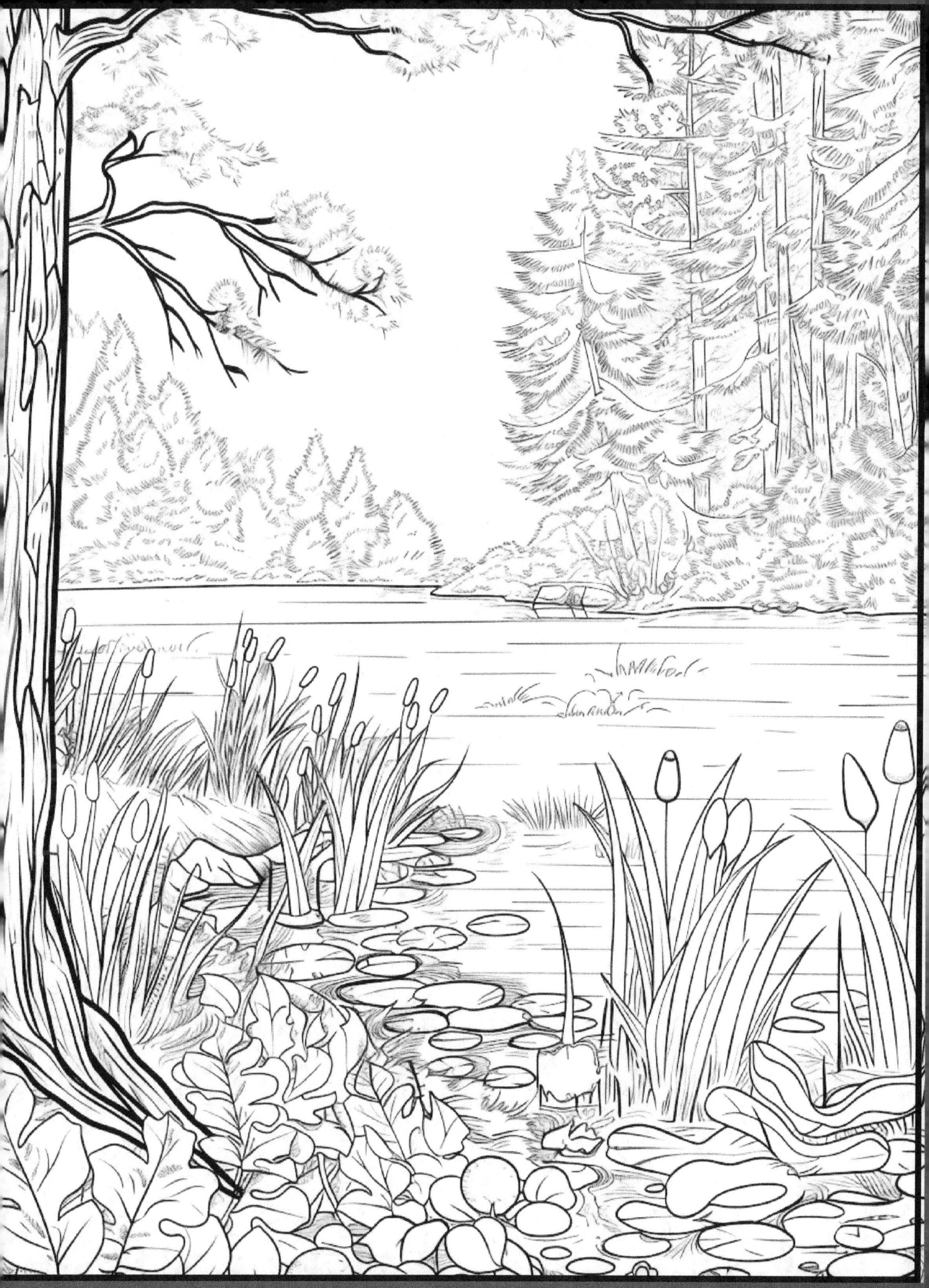

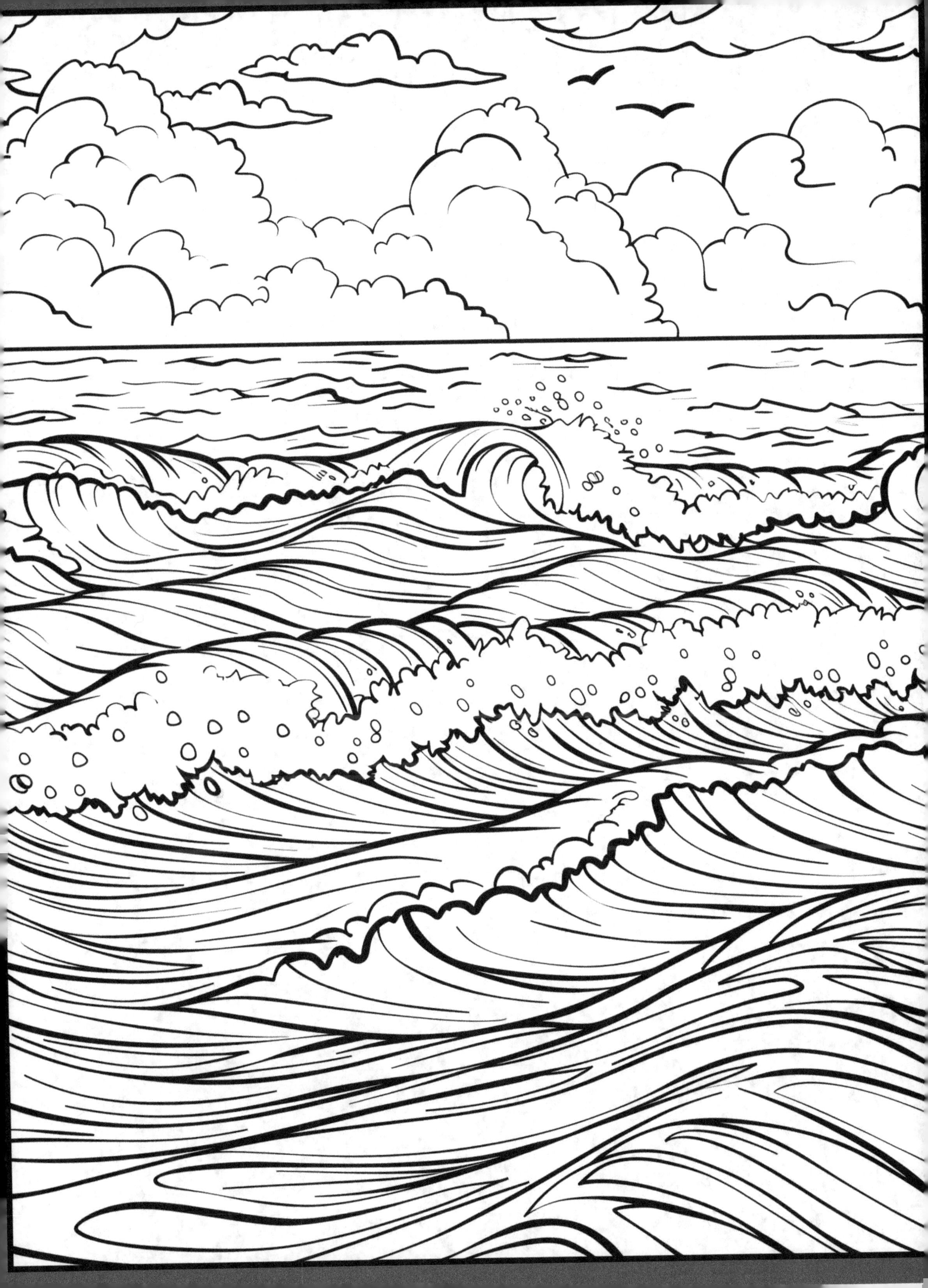

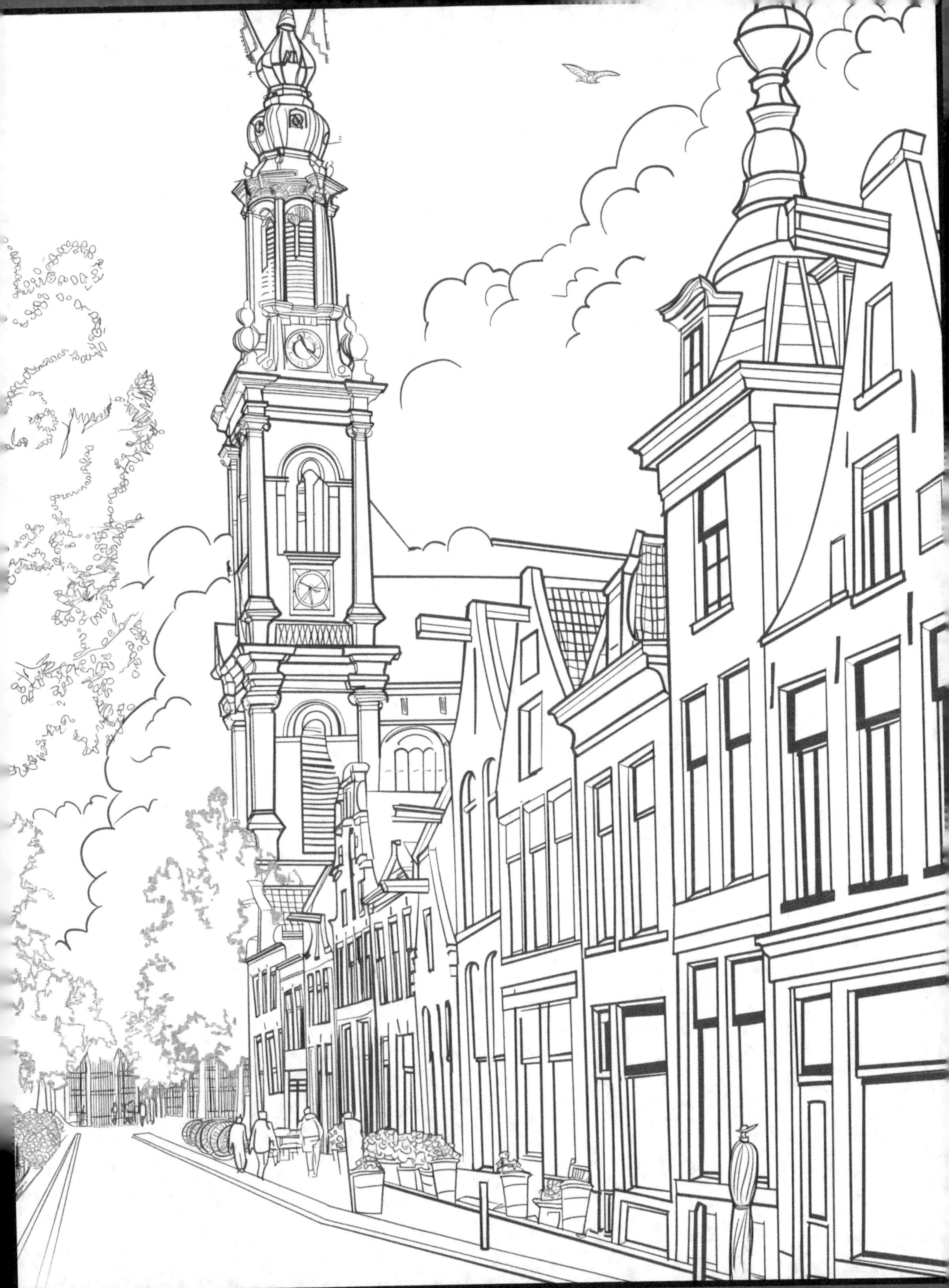

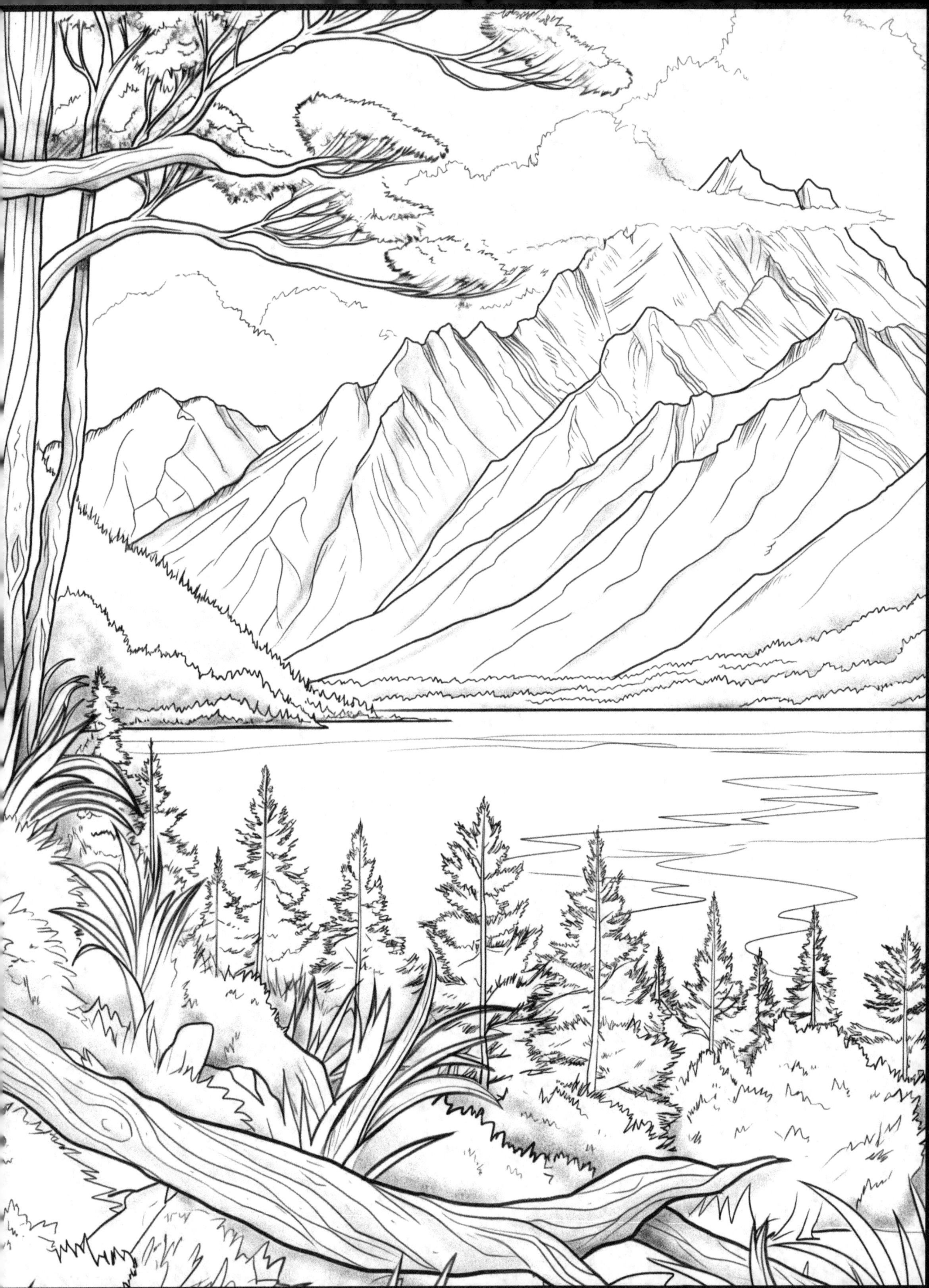

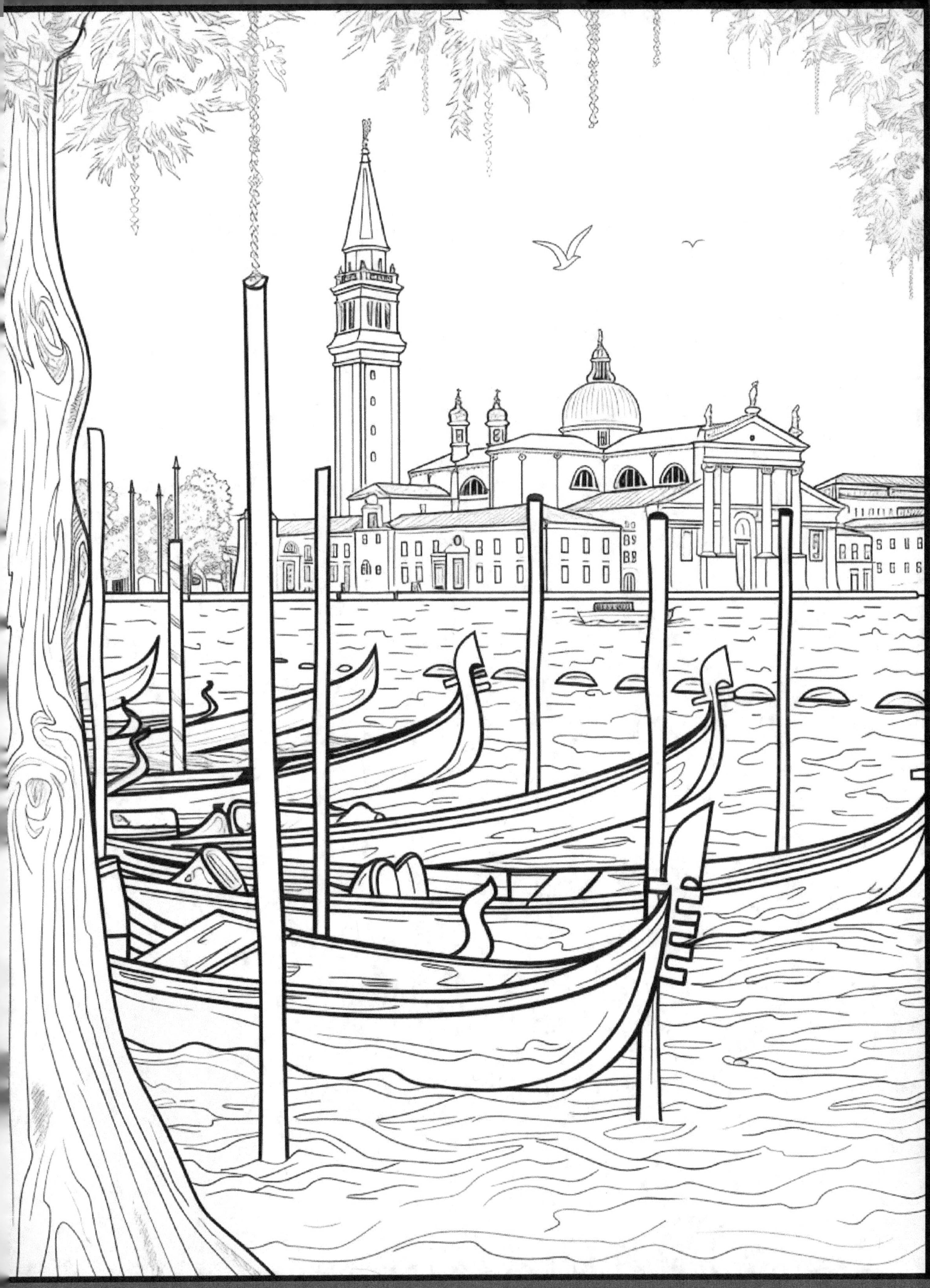

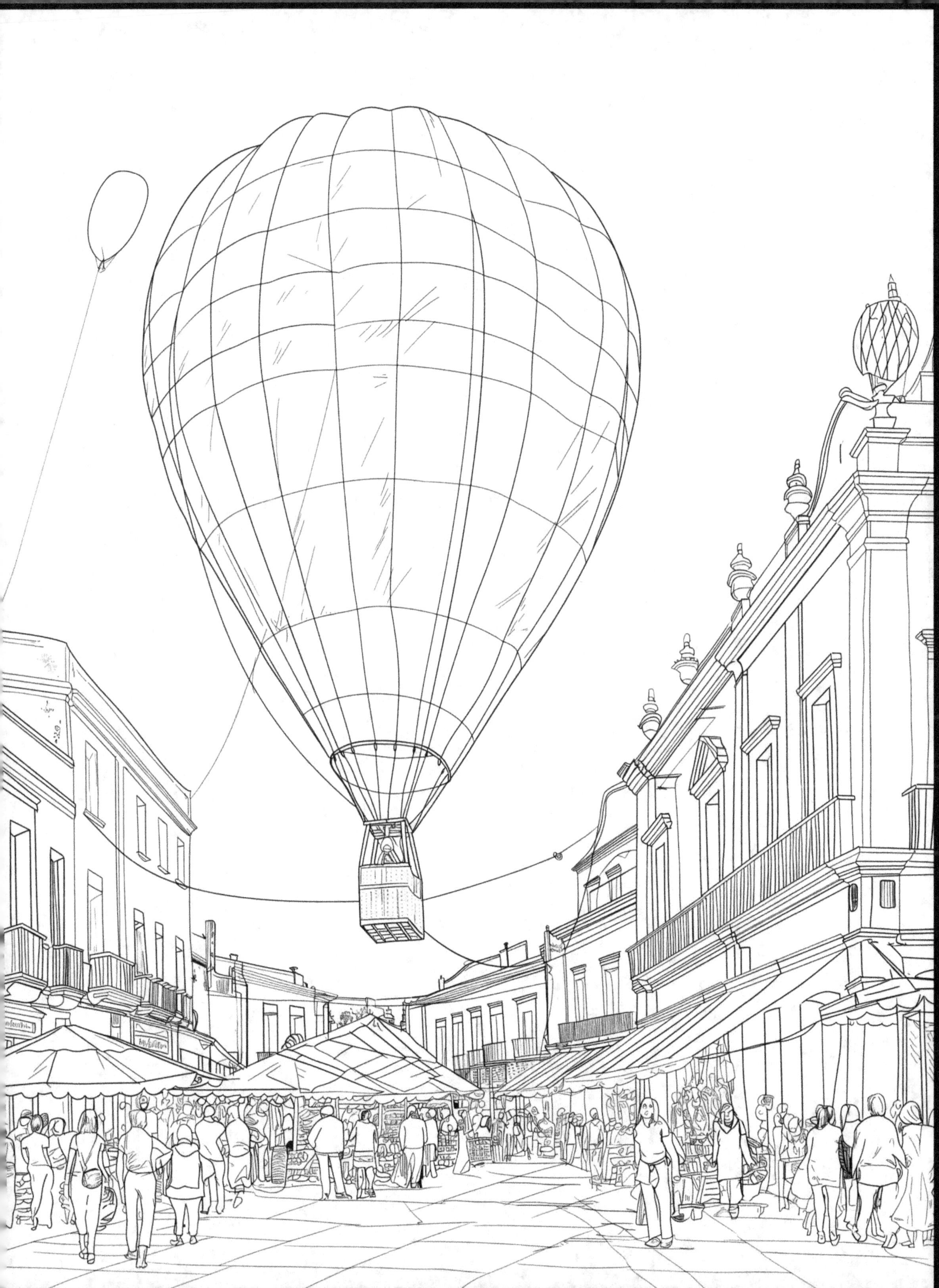

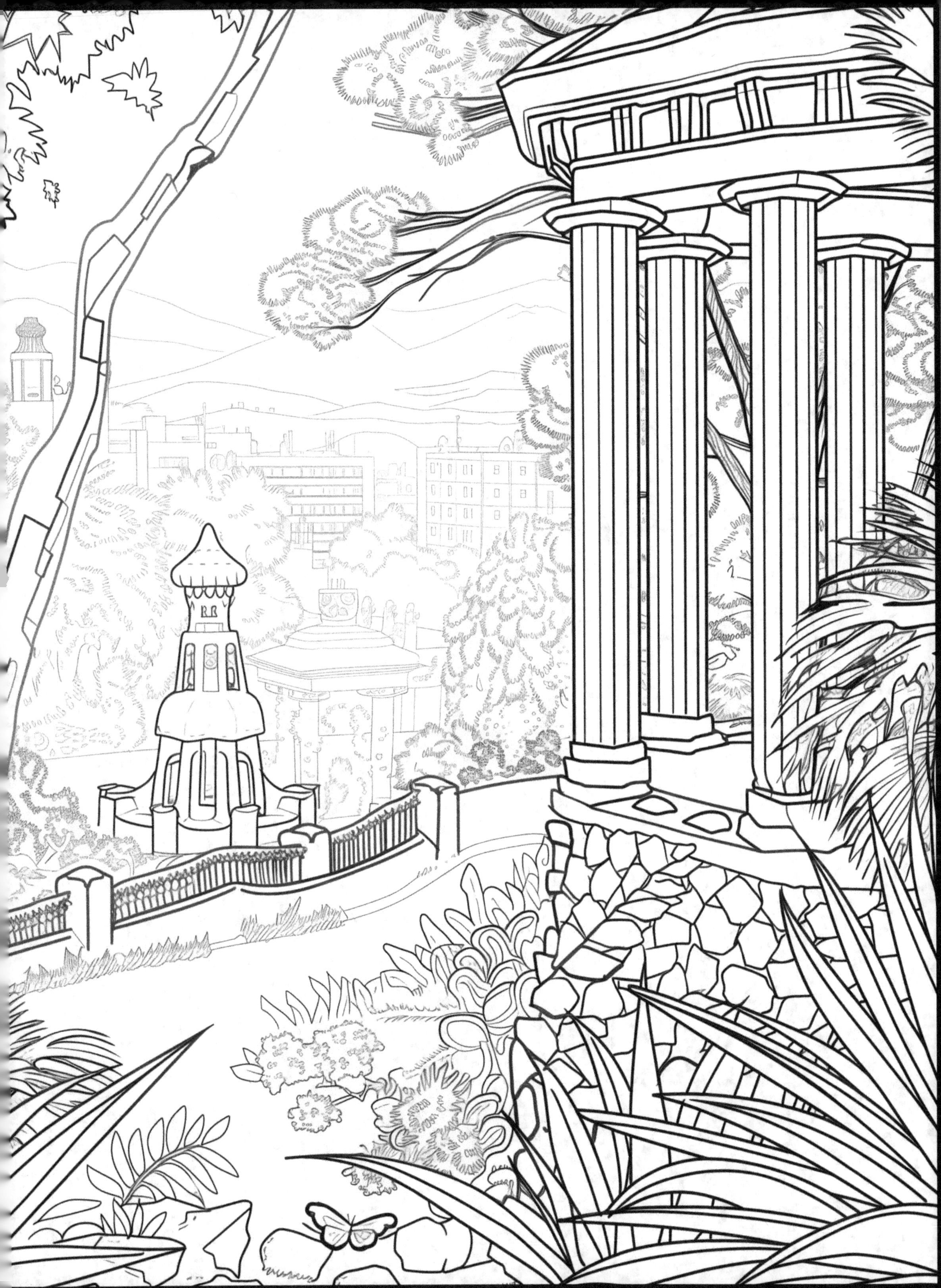

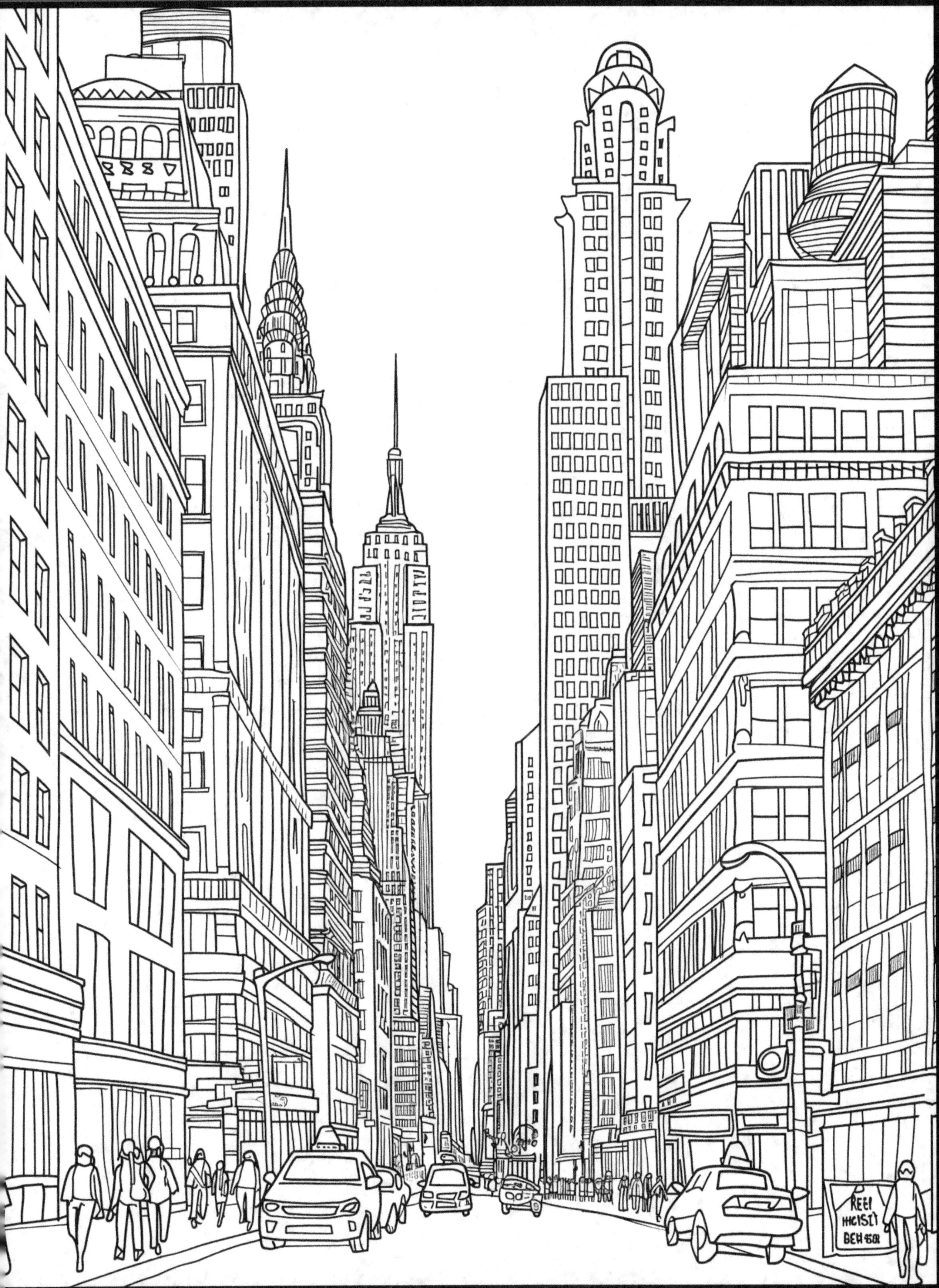

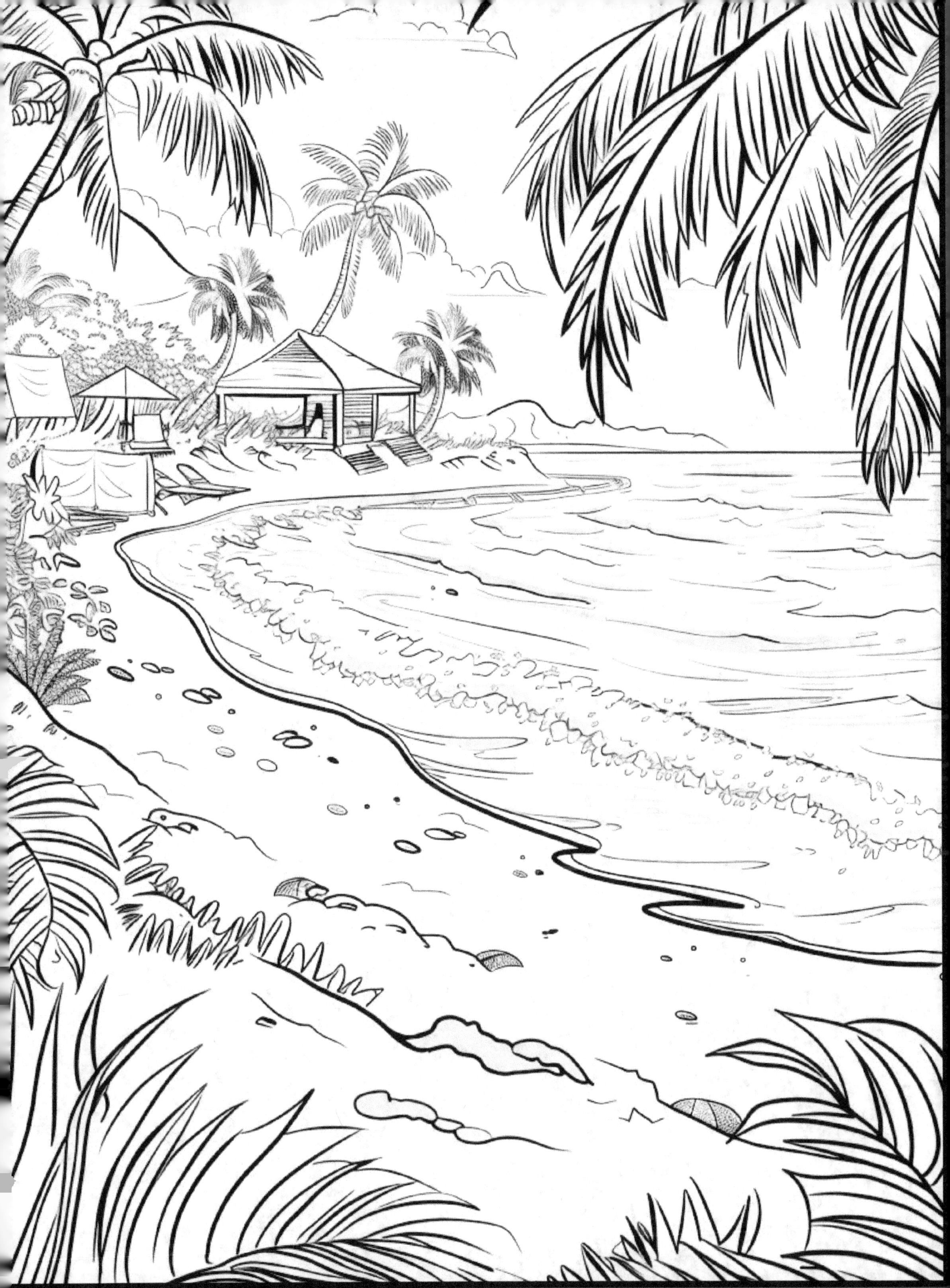

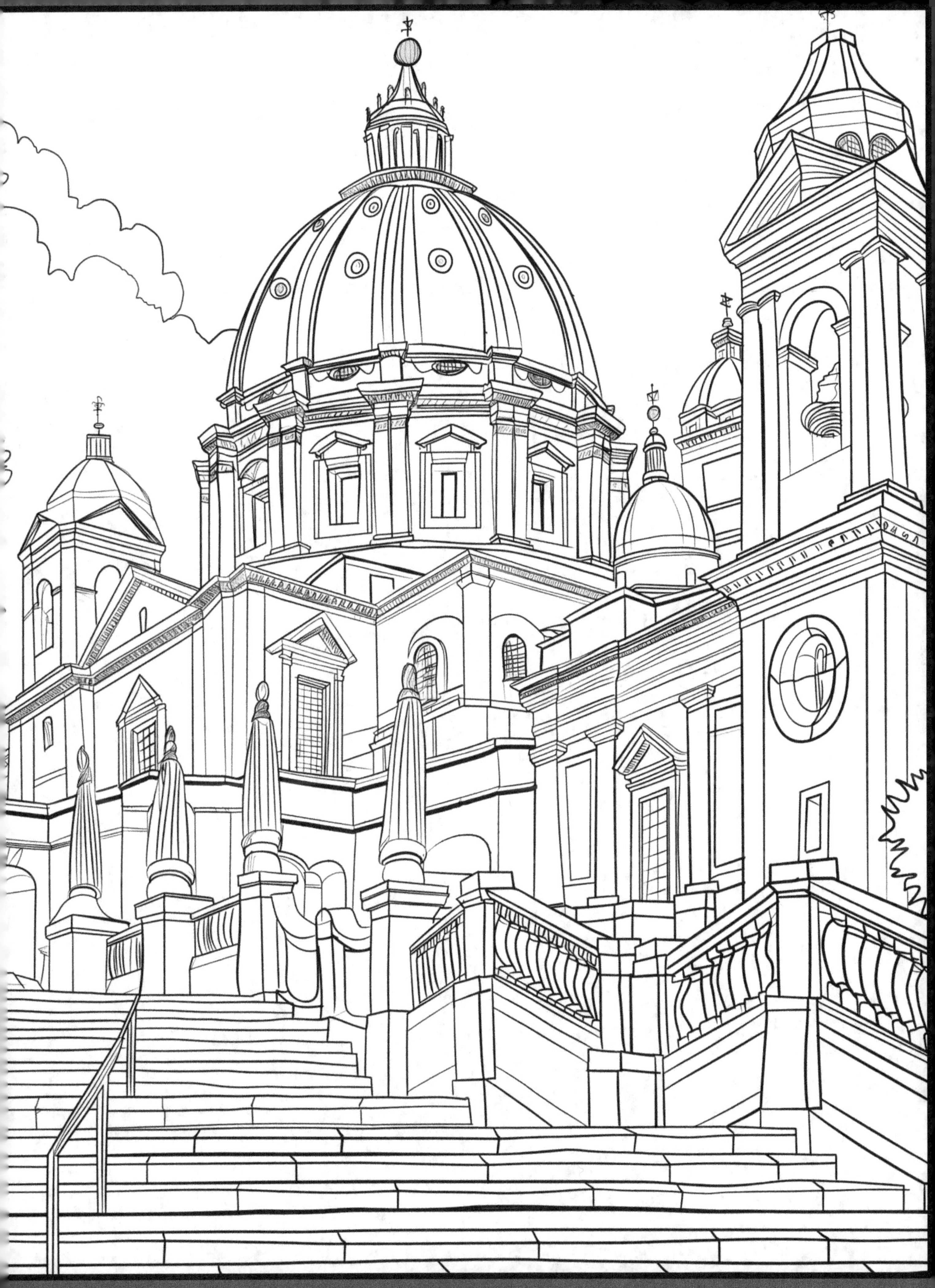

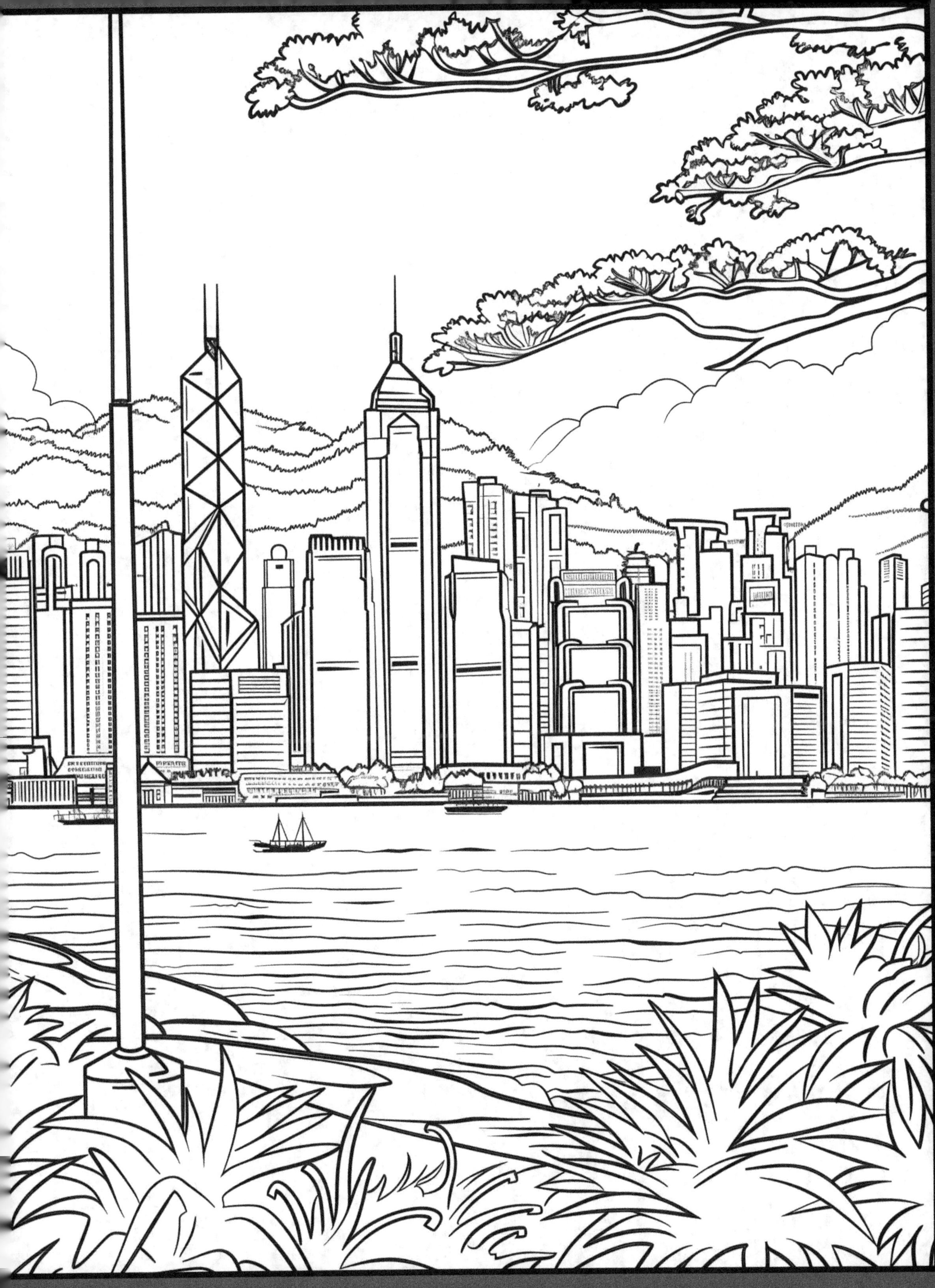

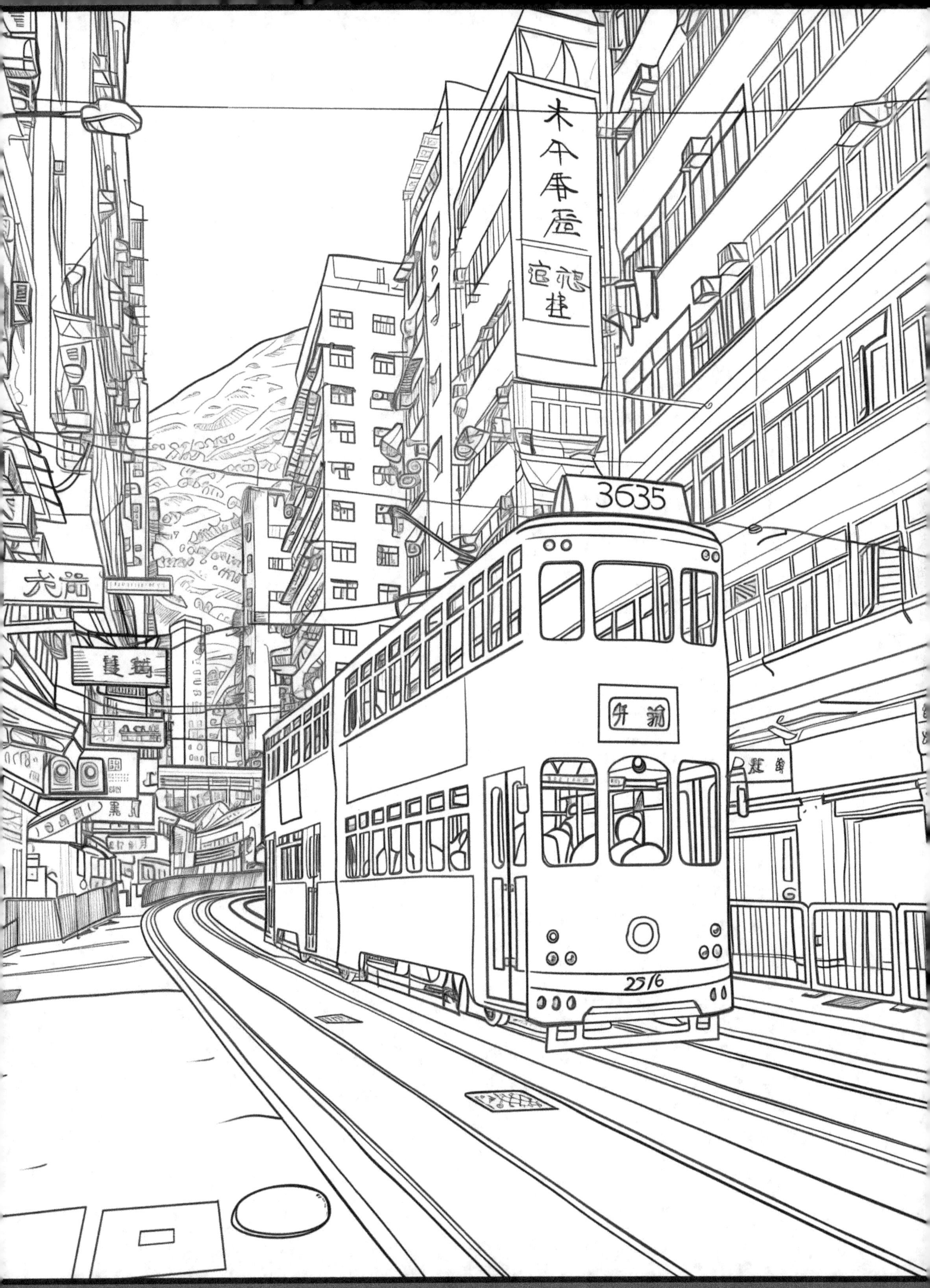
3635

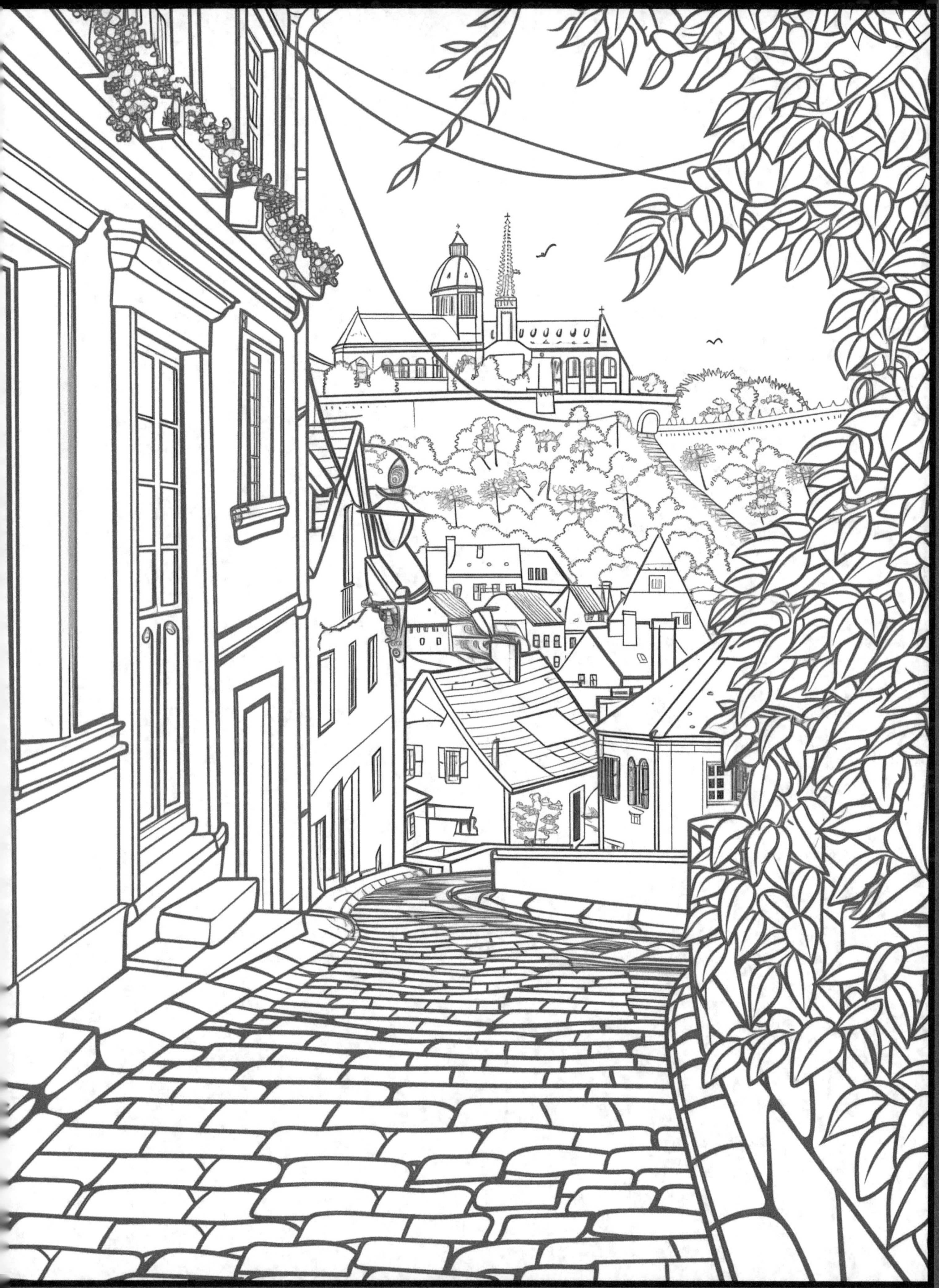

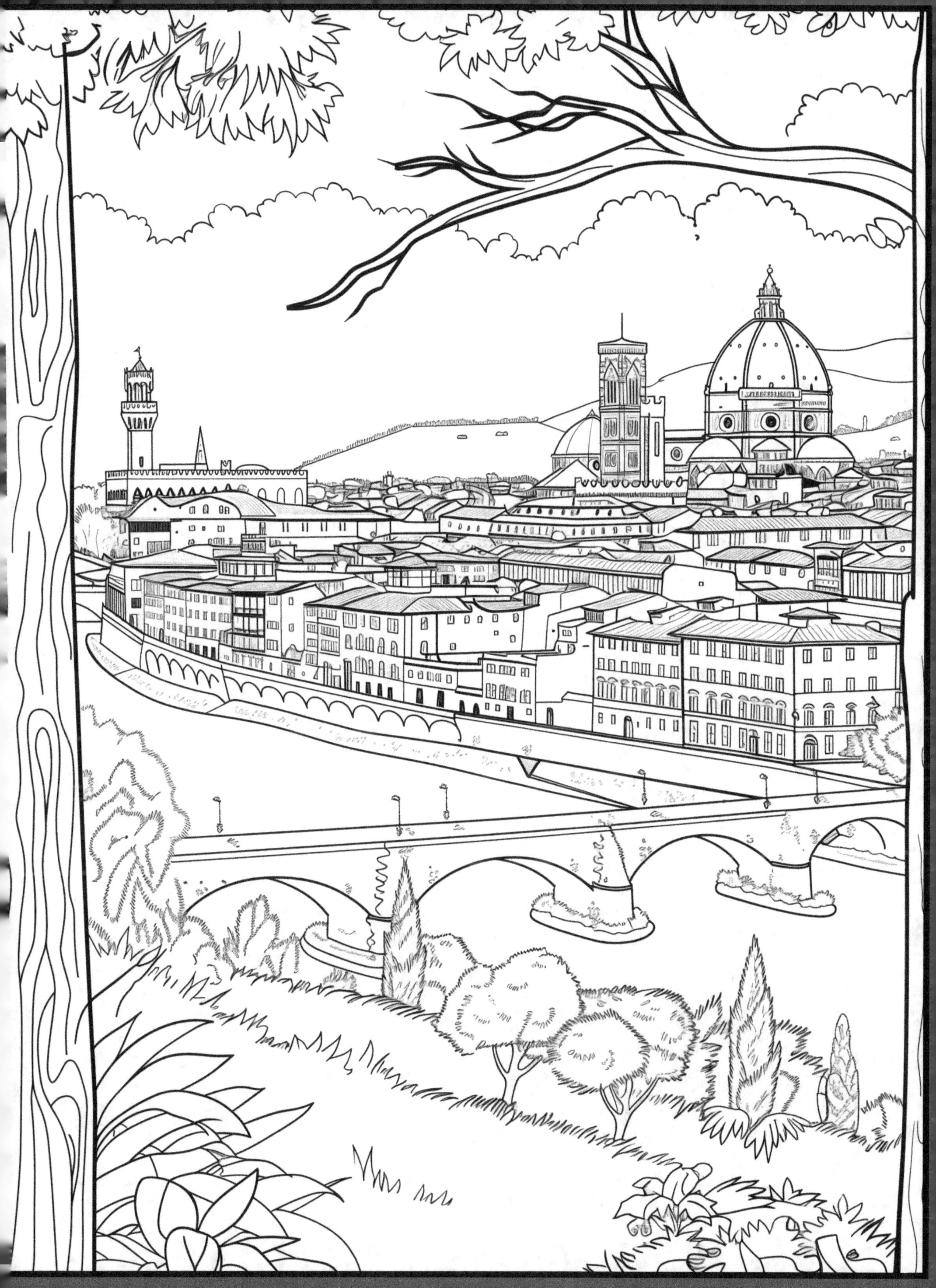

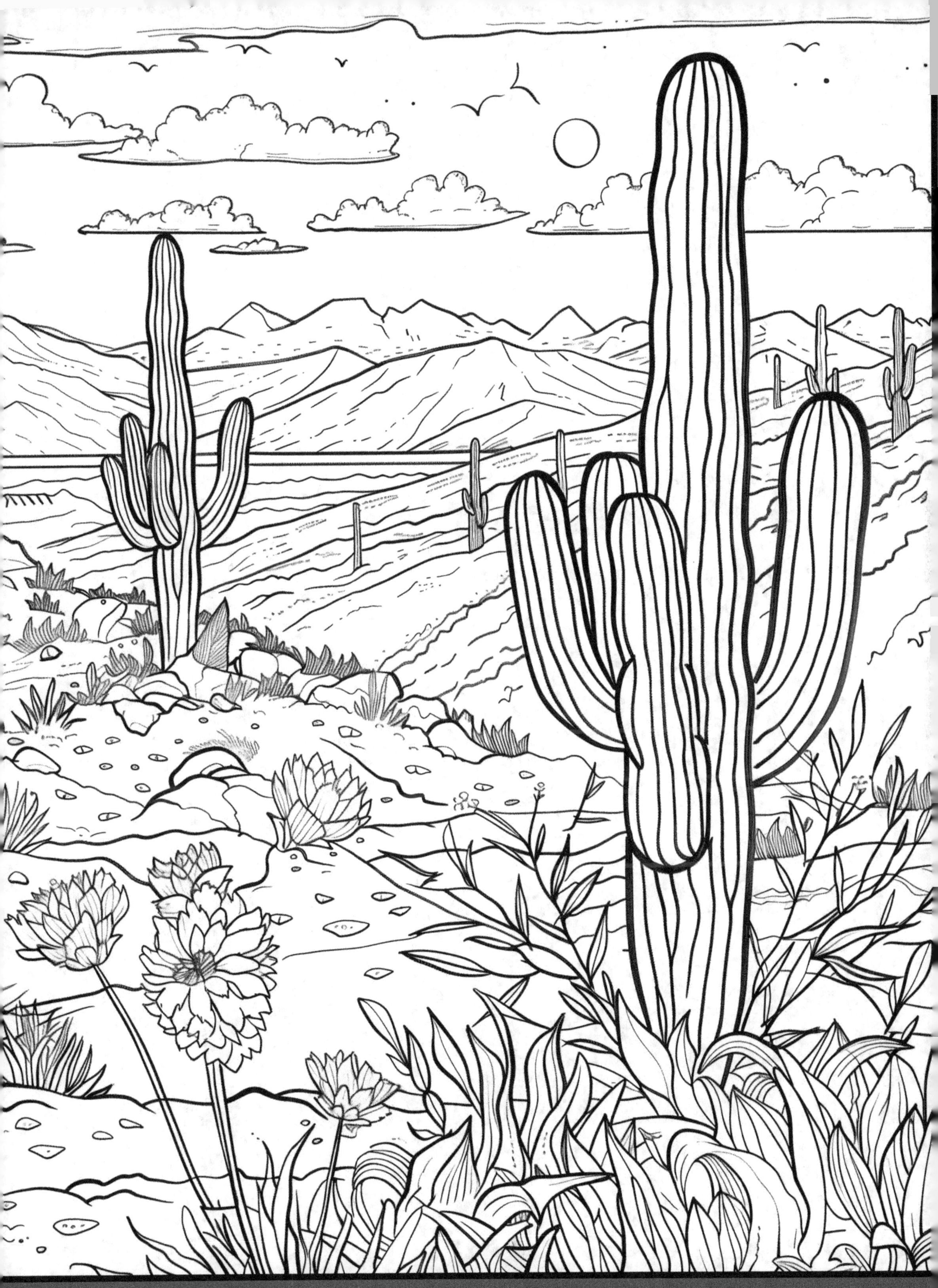

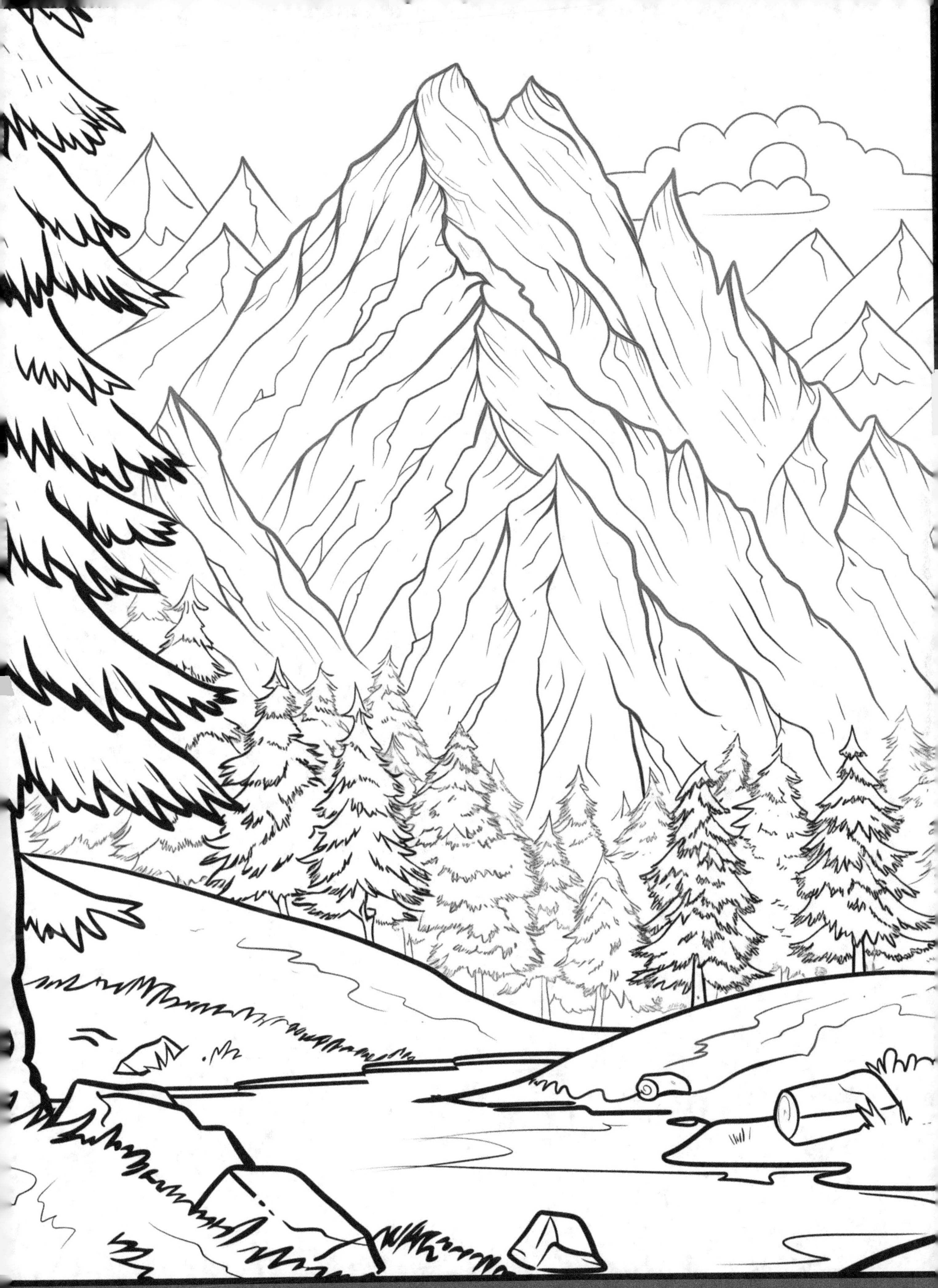

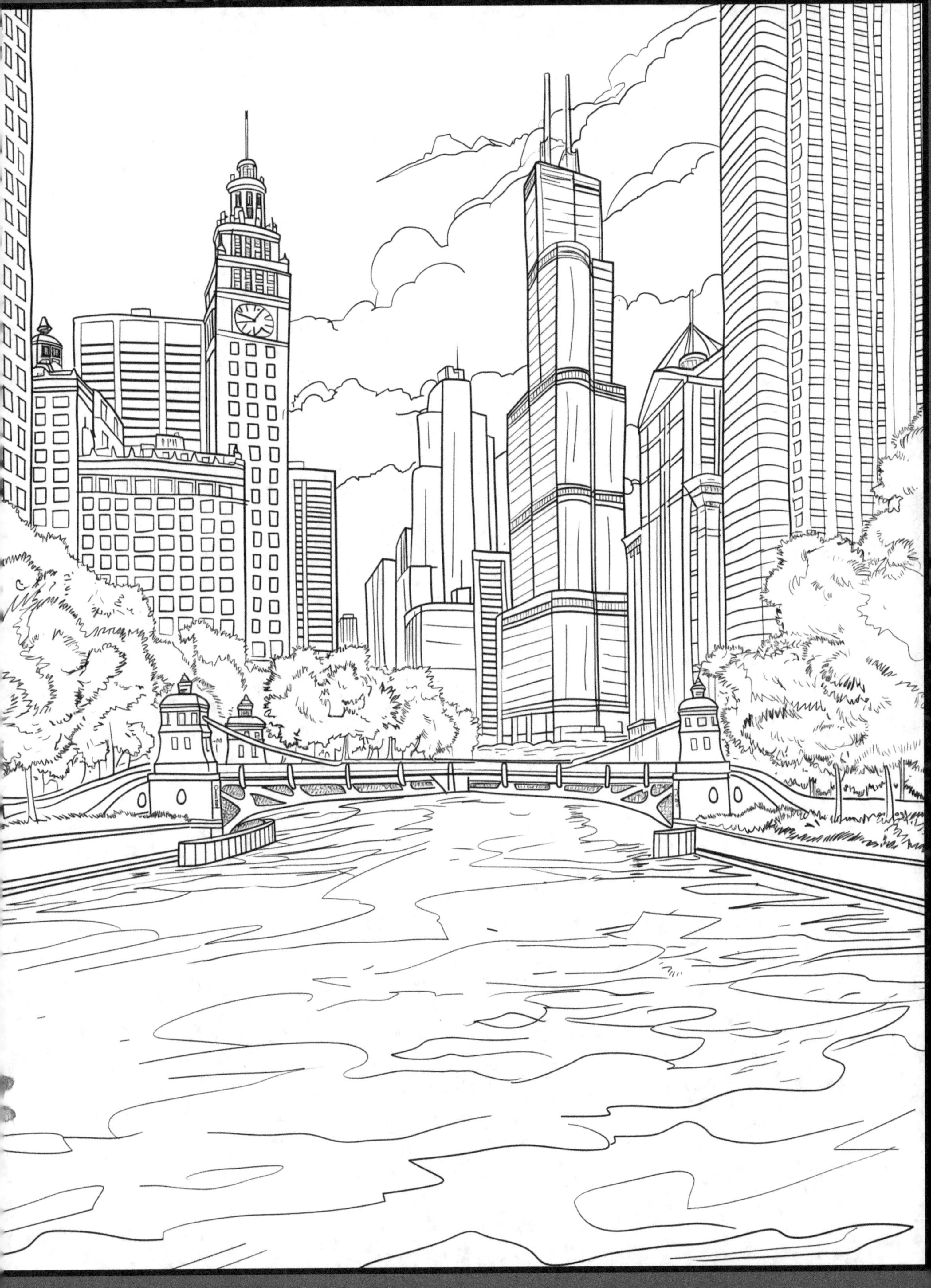

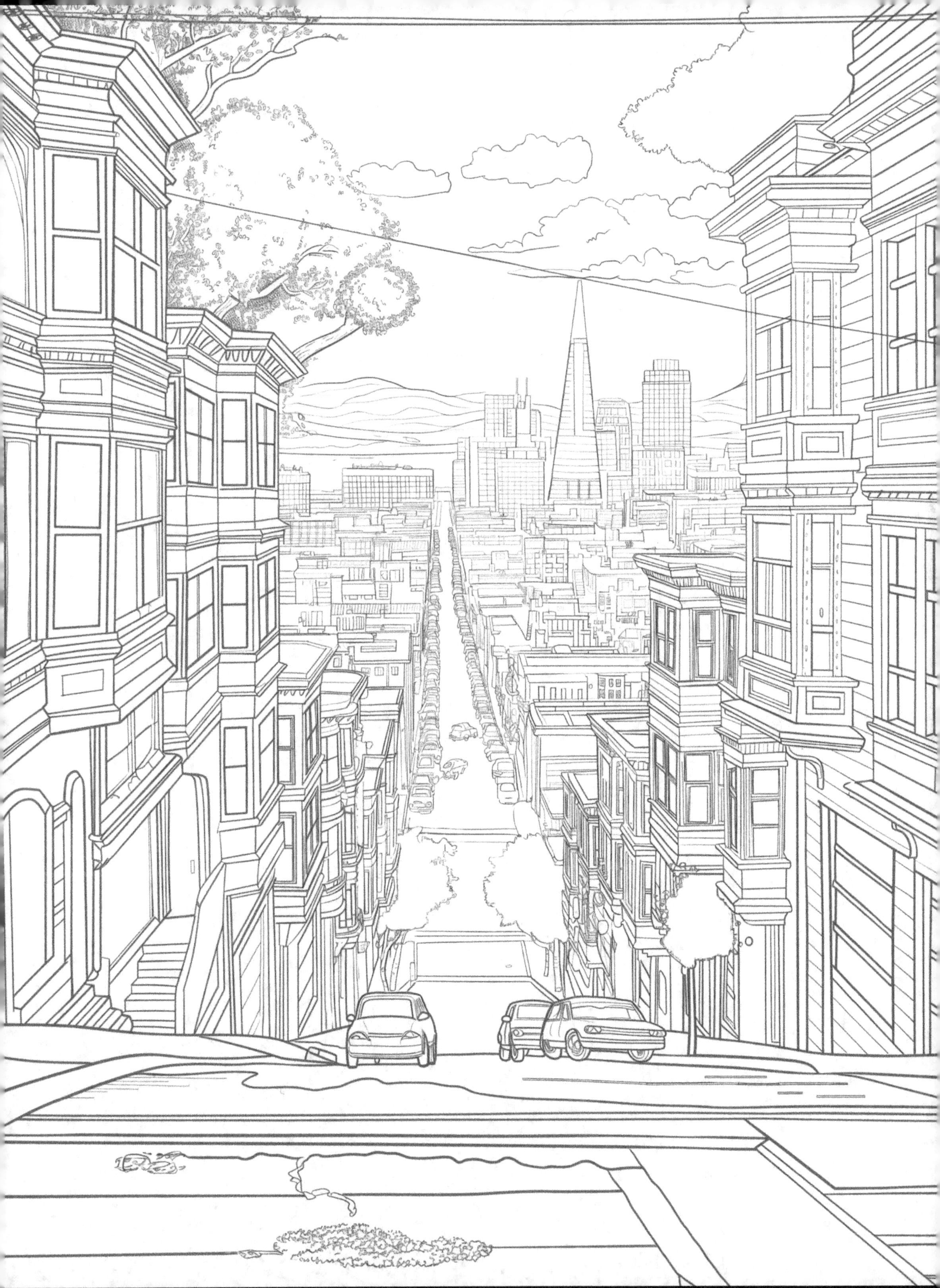

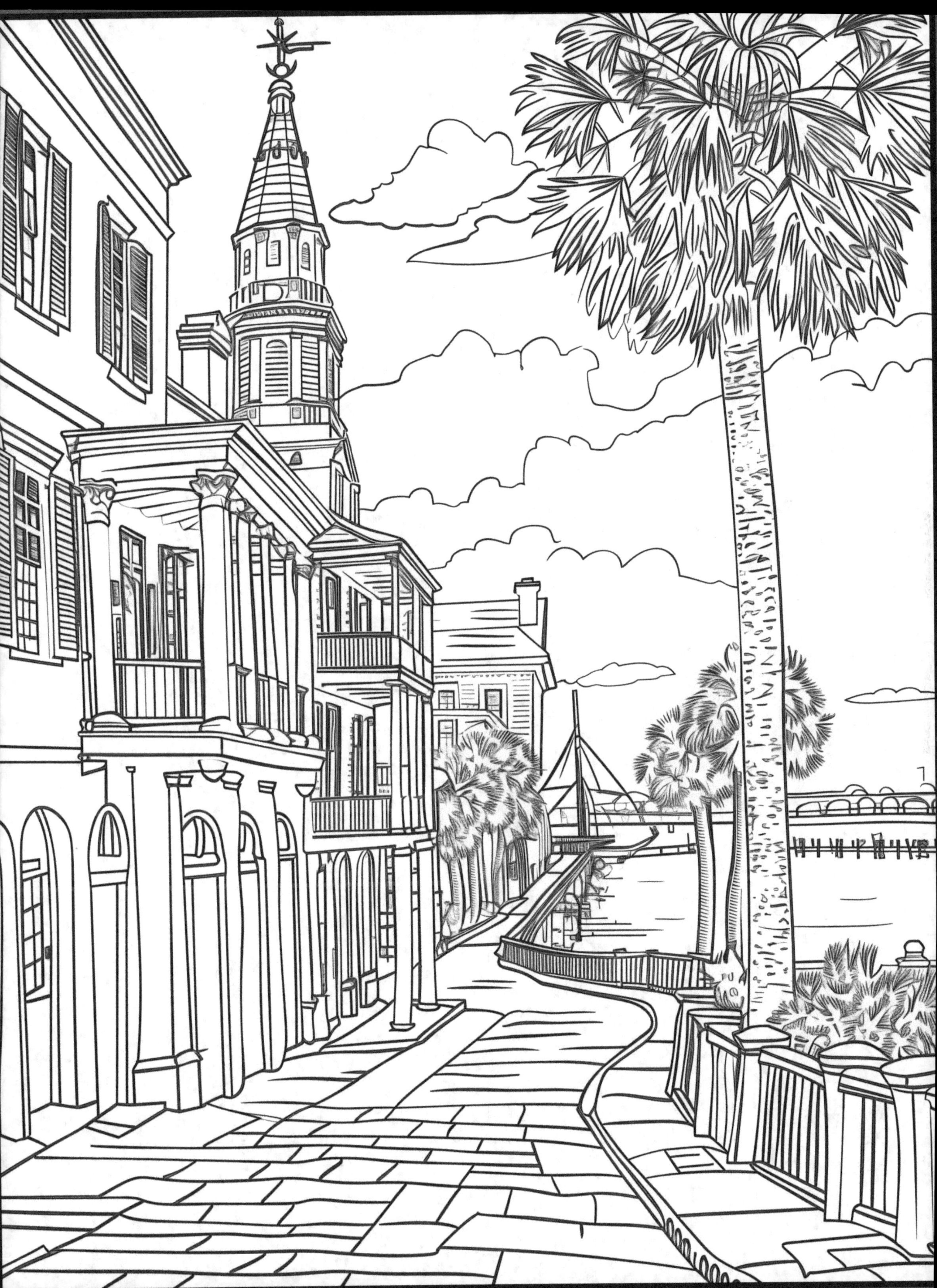

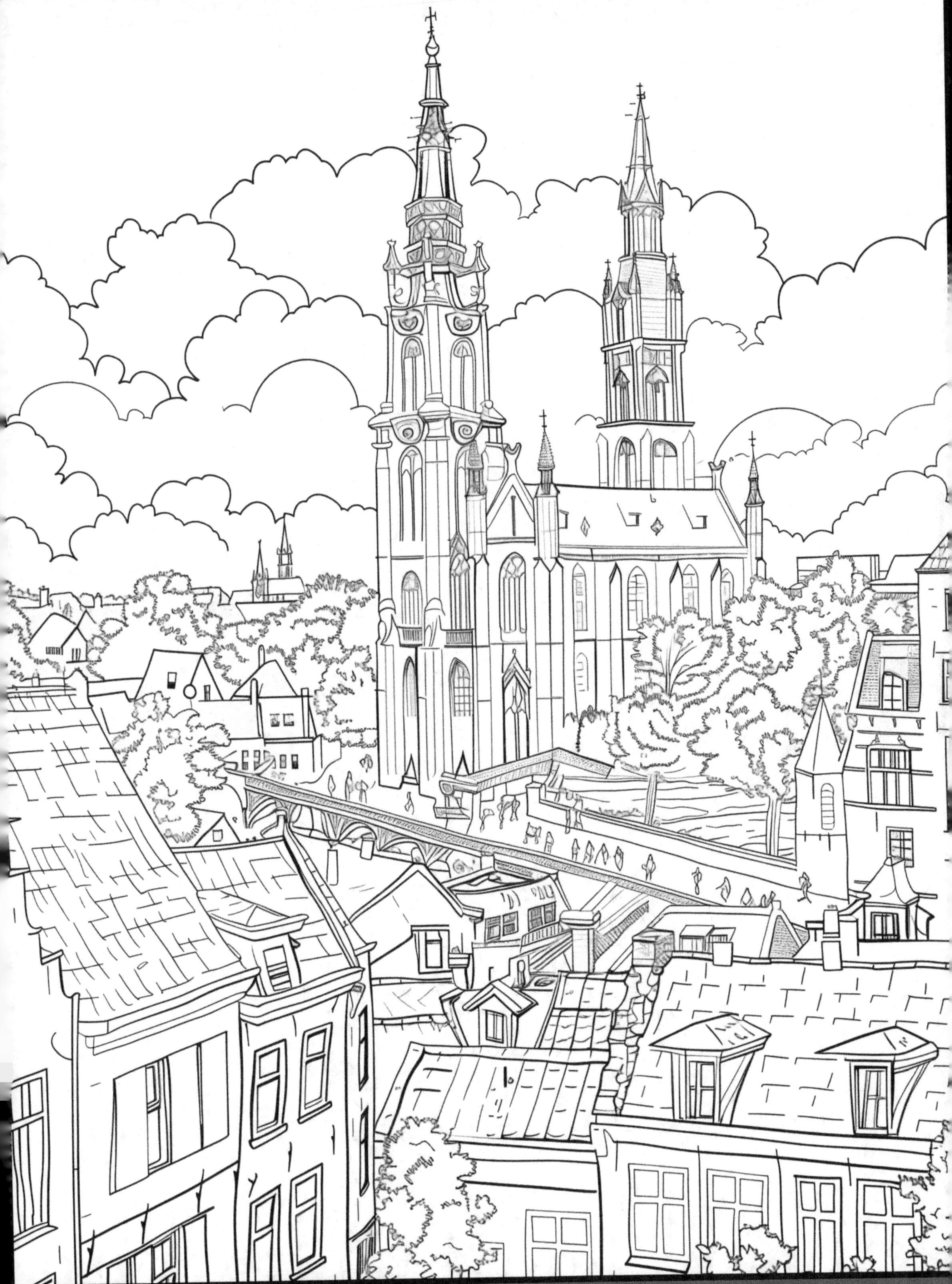

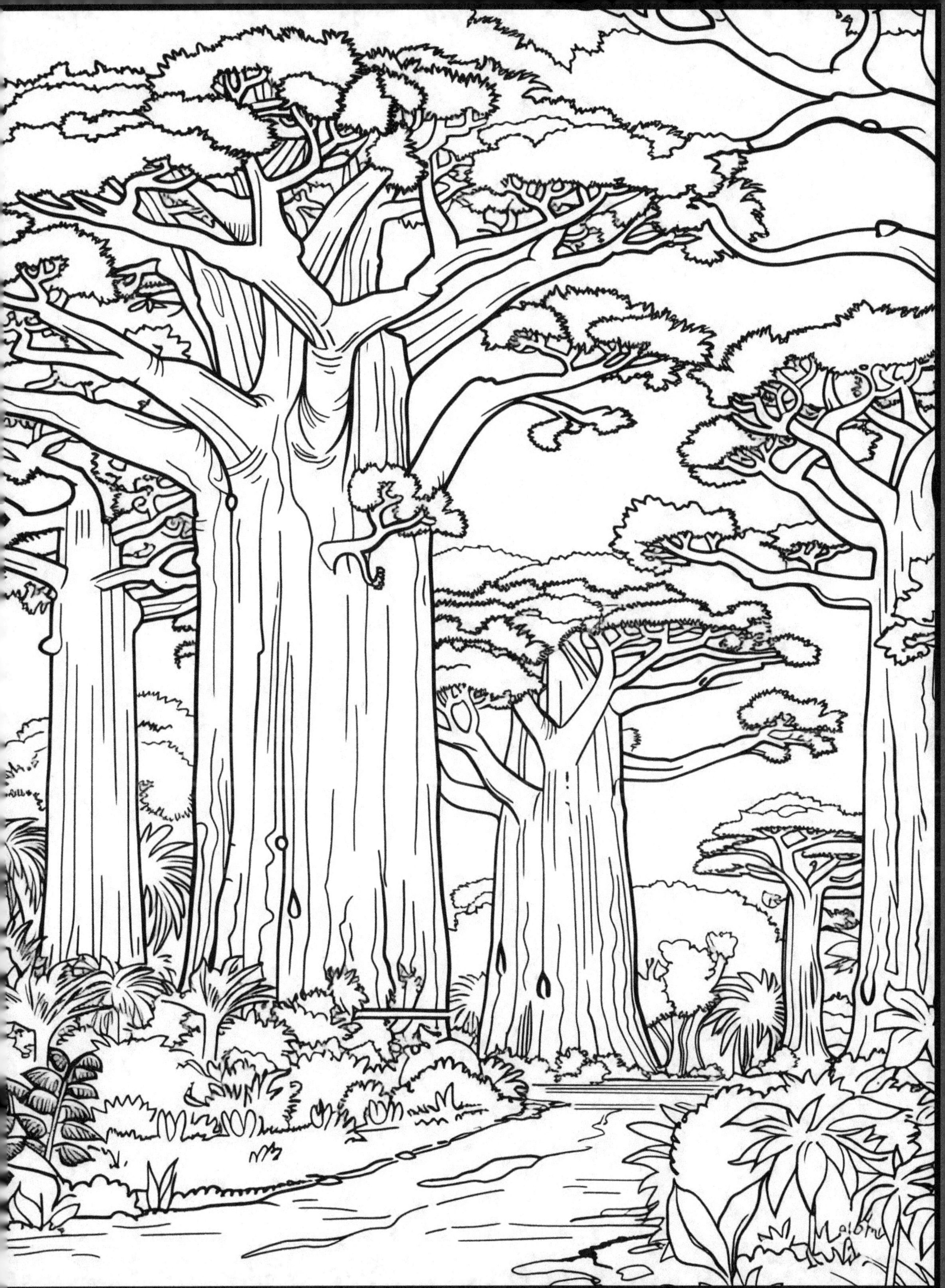

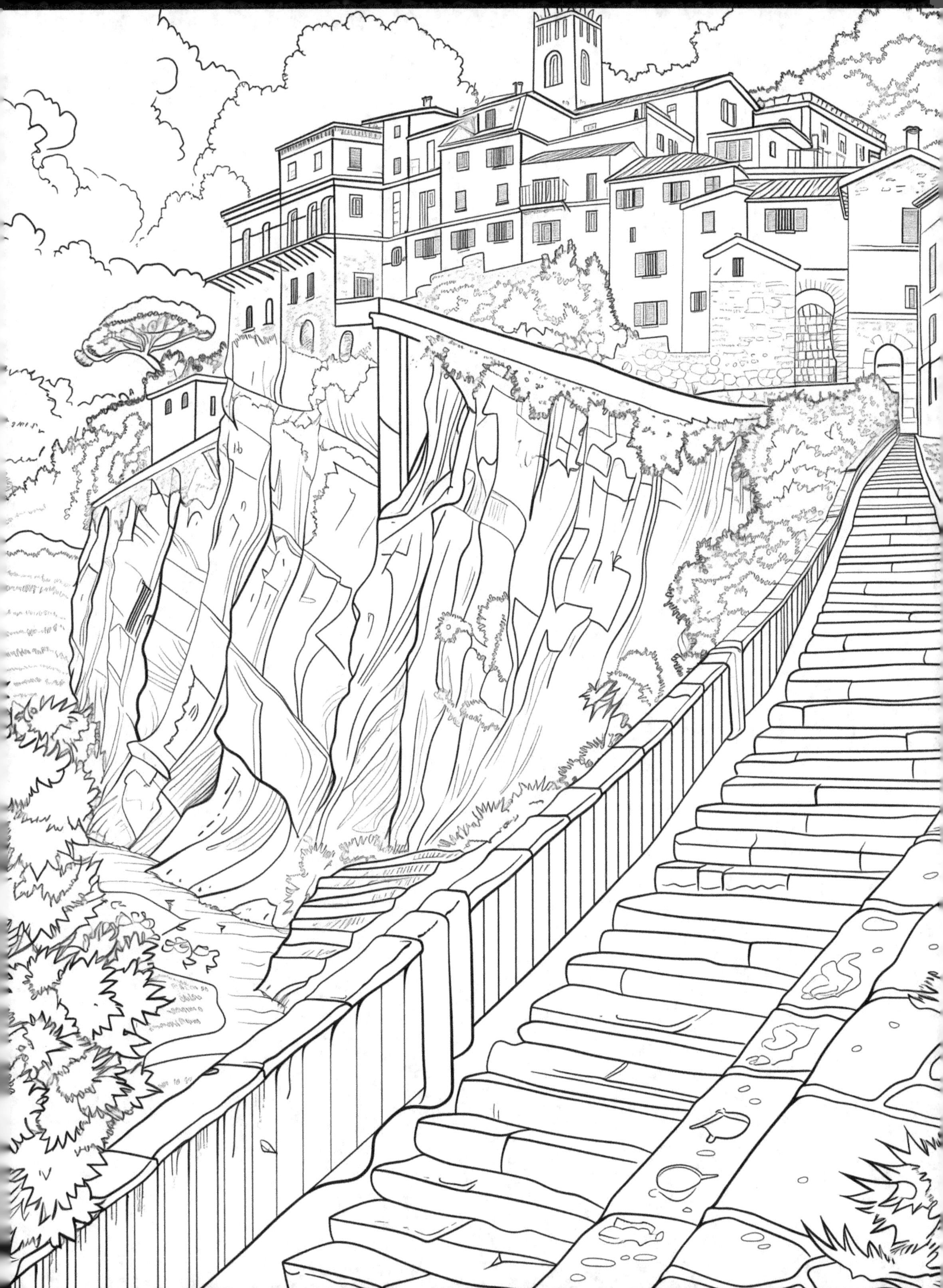

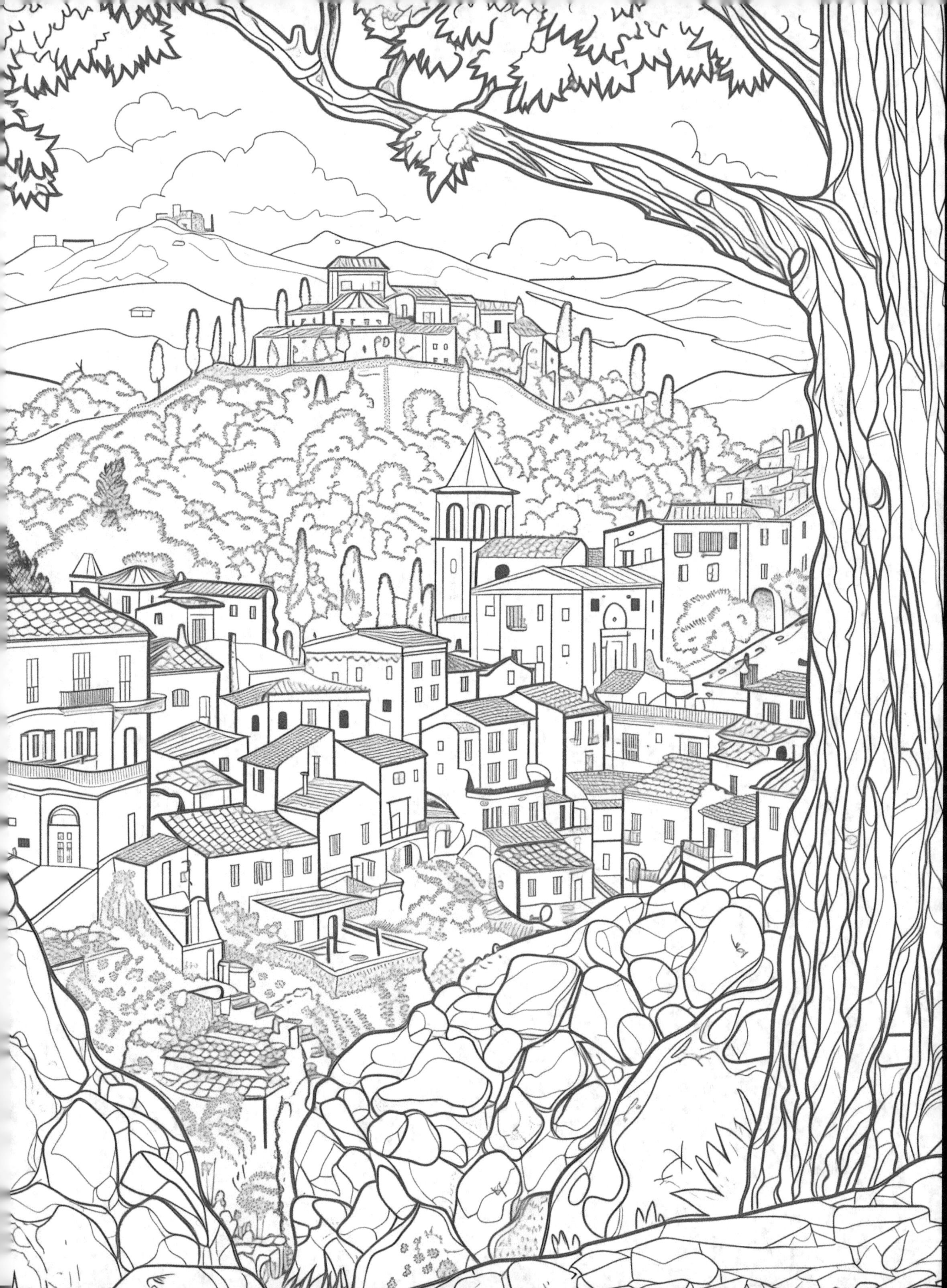

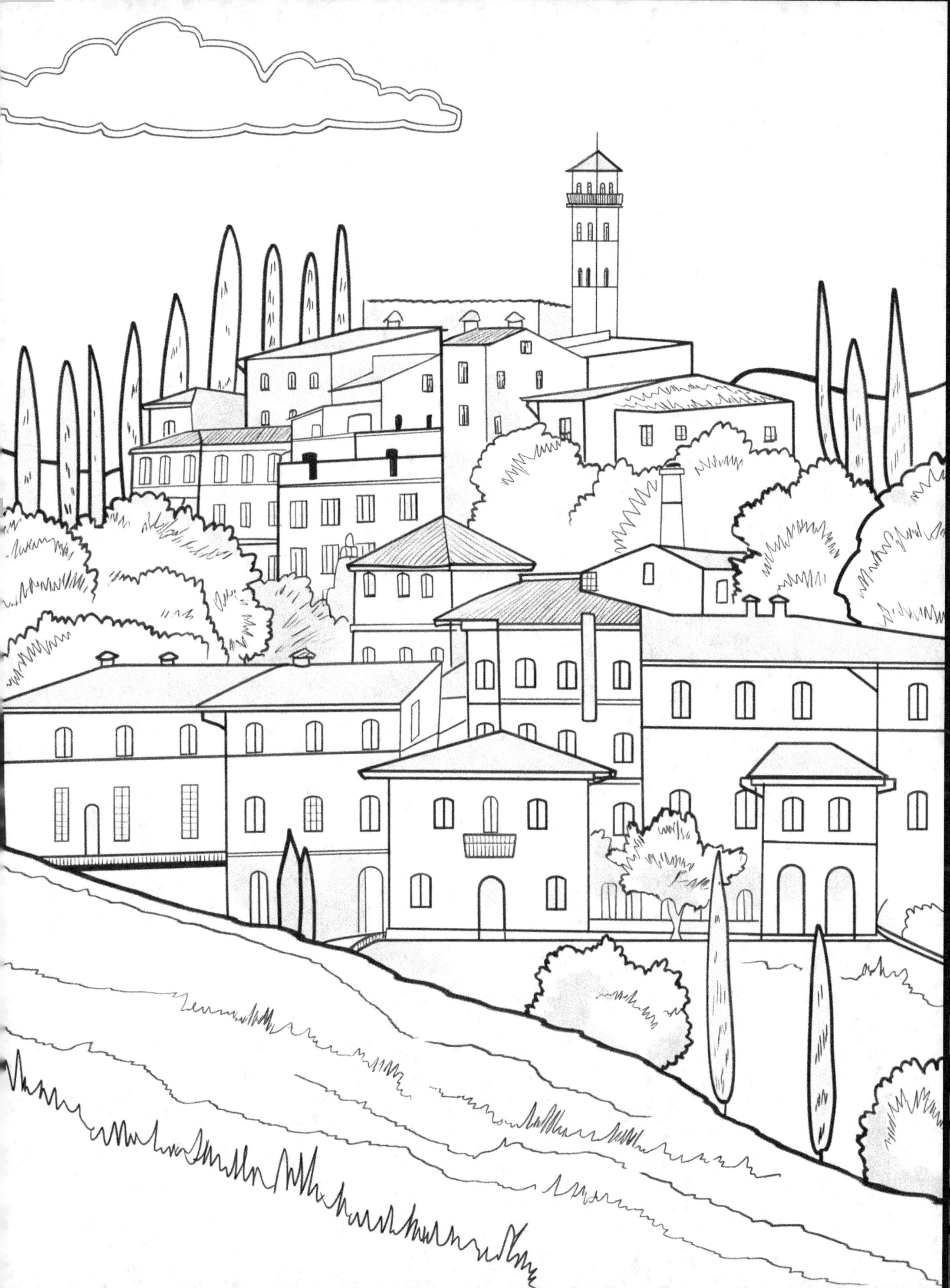

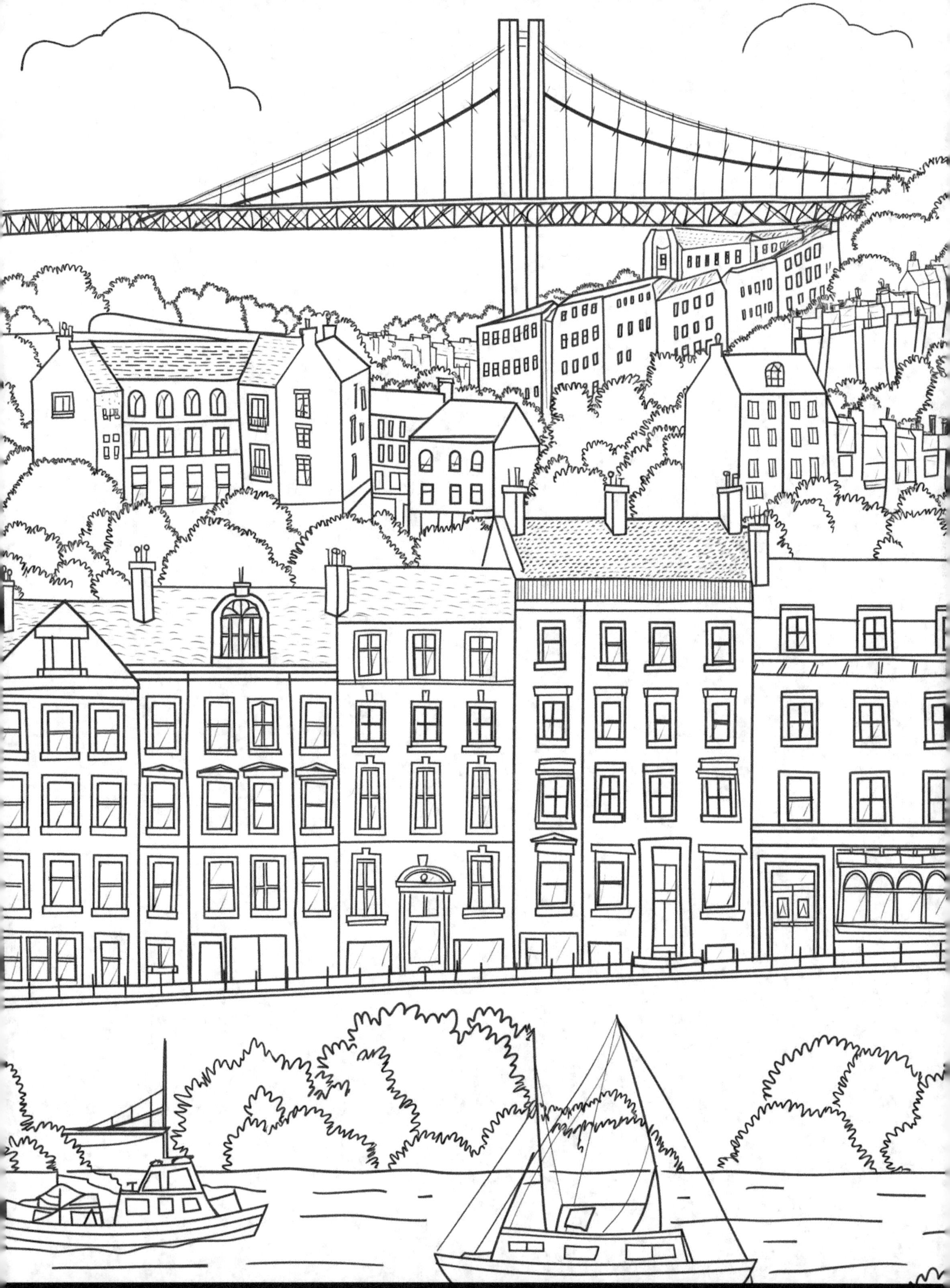

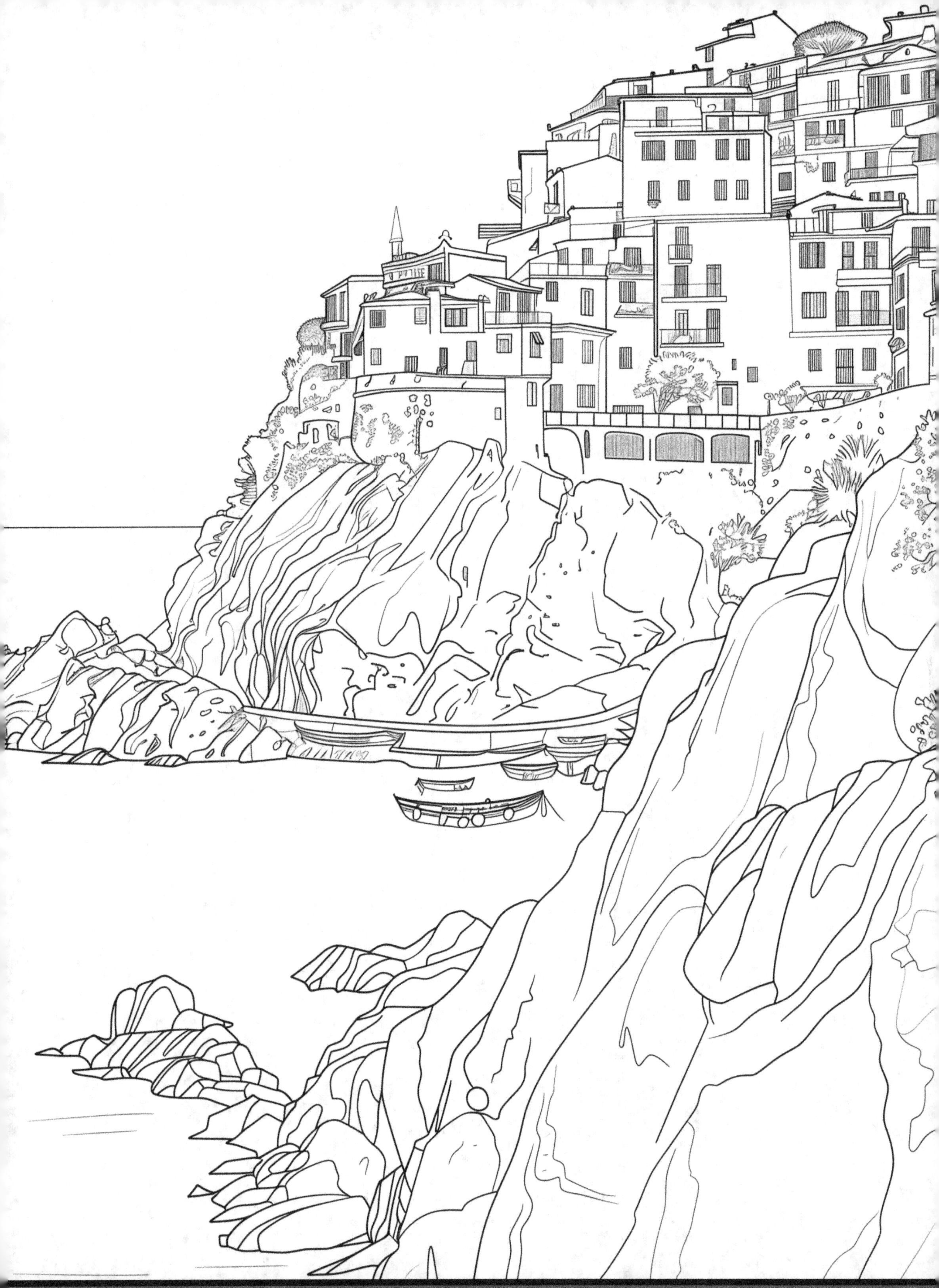

www.ingramcontent.com/pod-product-compliance
Lightning Source LLC
Chambersburg PA
CBHW081119240526
45470CB00019B/2669
9798325179815